Stadt der Diebe

Roman in Einfacher Sprache

Spaß am Lesen Verlag
www.einfachebuecher.de

Diese Ausgabe ist eine Bearbeitung des Buches *Stadt der Diebe* von David Benioff.

Text Originalfassung: David Benioff
Text in Einfacher Sprache: Judith Kutzner

ISBN 978-3-947185-61-0

David Benioff

Stadt der Diebe

Roman in Einfacher Sprache

Schwierige Wörter oder Ausdrücke sind unterstrichen. Die Erklärungen stehen in der Wörterliste am Ende des Buches.

Inhalt

Wie alles anfing

David Benioff lebt in Los Angeles, in den USA.
Er ist Schriftsteller.
Meistens denkt er sich seine Geschichten aus.
Über Super-Helden und solche Sachen.
Eines Tages bekommt er eine Anfrage.
Er soll für eine Zeitschrift etwas
über sich selbst schreiben.
David überlegt lange.
Er findet, dass sein Leben nicht
sehr interessant oder aufregend ist.
Was soll er denn da schreiben?

Da fallen ihm seine Großeltern ein.
Die beiden haben als junge Menschen
in Russland gelebt.
Sie haben sich im Krieg kennengelernt,
im Zweiten Weltkrieg.
David überlegt sich, dass seine Großeltern sicher
Spannendes aus dem Krieg erzählen können.
Das wäre doch etwas für die Zeitschrift!

David freut sich über seine gute Idee.
Als kleiner Junge hat er viel Zeit
mit seinen Großeltern verbracht.
Seit ein paar Jahren wohnen sie allerdings
weit weg, in Florida.

Das ist auf der anderen Seite
von diesem riesigen Land.
Deshalb hat David seine Großeltern
nur noch selten besucht.
Aber jetzt hat er einen guten Grund,
wieder einmal nach Florida zu fliegen.

Die Großeltern freuen sich sehr über Davids Besuch.
Am Abend sitzen sie zusammen auf der Terrasse.
Es gibt selbst gemachten Johannisbeer-Wodka.
David fragt seinen Großvater:
„Wie war das eigentlich damals bei euch
in Russland während dem Krieg?
Wie hast du Großmutter kennengelernt?
Erzähl doch mal."

Seine Großmutter rollt mit den Augen.
„Ach, auf einmal interessieren dich
die alten Geschichten?"

Davids Großvater lächelt seine Frau an.
„Schätzchen, wenn David Geschichten vom Krieg
hören will, dann erzähle ich ihm welche."
Zu David sagt er:
„Wir können gerne morgen darüber reden."

Am nächsten Tag erlebt David eine Überraschung.
Sein Großvater erzählt und erzählt.

Bisher war der Großvater eher
ein schweigsamer Mensch.
Er hat nie viel geredet.
Aber jetzt kommt eine Geschichte nach der anderen
aus ihm heraus.
David nimmt alles mit einem Tonband auf.

Als der Großvater mit dem Erzählen fertig ist,
fragt David ihn nach Einzelheiten.
Irgendwann sagt der Großvater:
„Du kannst gerne über all das schreiben,
was ich dir erzählt habe.
Wie ich deine Großmutter kennenlernte.
Und über all das andere.
Aber die Einzelheiten musst du dir selber
ausdenken. Ich weiß nicht mehr,
wie das Wetter damals genau war.
Oder was für einen Mantel ich getragen habe.
Aber du bist der Schriftsteller.
Du findest bestimmt die richtigen Worte."

Und das ist die Geschichte, die Davids Großvater
im Jahr 1942 in Russland erlebt hat.
Es ist ein ganzes Buch daraus geworden.

Der Krieg

Es ist das Jahr 1942.
Ich heiße Lew und bin 17 Jahre alt.
Zurzeit lebe ich alleine in Leningrad.
Meine Mutter und meine Schwester sind
vor ein paar Monaten aus der Stadt geflüchtet.

Denn in Leningrad herrscht Krieg.
Die deutsche Armee hat Russland
im Juni 1941 überfallen.
Zuerst kamen die deutschen Flugzeuge.
Sie haben Hunderte von Bomben
auf unsere Städte abgeworfen.
Besonders auf Leningrad.
In Leningrad gibt es nämlich viele Fabriken.
Dort werden Waffen
für die russische Armee hergestellt.
Und diese Fabriken wollten
die Deutschen zerstören.
Aber damit haben sie nicht viel Erfolg gehabt.

Deshalb belagern die deutschen Soldaten
Leningrad seit dem September 1941.
Niemand kommt mehr aus der Stadt heraus.
Und natürlich kommt auch nichts herein.
Vor allen Dingen keine Lebensmittel.
Die Deutschen wollen, dass wir Hunger leiden.

Besonders die Arbeiter in den Waffen-Fabriken
sollen hungern.
Damit sie keine Kraft mehr zum Arbeiten haben.
Wenn die Arbeiter schwach und hungrig sind,
dann bauen sie auch keine Waffen mehr.
Und ohne Waffen ist der Krieg zu Ende.
Dann haben die Deutschen gewonnen.

Aber unsere Rote Armee kämpft überall
gegen die deutsche Armee.
Auf dem Land, in der Luft, auf dem Wasser.
Im Radio hat unsere Regierung gesagt:
„Wir werden die deutschen Feinde besiegen.
Wenn alle Menschen in Leningrad
zusammenarbeiten und zusammenhalten."

Das habe ich auch zu meiner Mutter gesagt.
Im September, als man noch fliehen konnte.
Sie wollte, dass ich mit ihr und meiner kleinen
Schwester die Stadt verlasse.

„Ich muss hierbleiben",
habe ich zu meiner Mutter gesagt.
„Ich kann hier nicht weg."

Meine Mutter hat mit den Augen gerollt.
„Du bist erst 17 Jahre alt, Lew.
Du bist noch zu jung für die Armee.

Und ein wichtiger Arbeiter für die Fabrik
bist du auch nicht.
Komm mit uns.
Deine Schwester und ich brauchen dich."

Ich habe wütend geantwortet:
„Aber ich bin Feuerwehrmann.
Ich habe eine wichtige Aufgabe hier im Wohnblock.
Ich kann nicht mit euch mitkommen."

Meine Mutter hat mich angesehen und geseufzt.
„Du bist ein Dummkopf, Lew."
Aber sie hat mich in Ruhe gelassen.

Kurz bevor die Deutschen alle Straßen
gesperrt haben, sind meine Mutter
und meine Schwester geflohen.
Zu einem Onkel aufs Land.

Seitdem habe ich nichts mehr von ihnen gehört.

Mein Vater

Mein Vater lebt leider nicht mehr.
Er ist vor vier Jahren gestorben.
Er war ein Schriftsteller
und hat Gedichte geschrieben.
Seine Gedichte haben allerdings einigen Leuten
in der Regierung nicht gefallen.
Sie fanden, dass mein Vater in seinen Gedichten
schlecht über die Regierung urteilt.

Die Regierung erlaubte es aber nicht,
schlecht über sie zu reden oder zu schreiben.
Das war unser großes Unglück.
Mein Vater wurde vom Geheimdienst abgeholt
und ins Gefängnis gebracht.
Danach haben wir ihn nicht mehr gesehen.
Wir wissen, dass er tot ist.
Aber wo sein Grab ist, wissen wir nicht.

Zuerst war ich sehr wütend auf meinen Vater.
Ich konnte nicht verstehen,
warum Wörter für ihn so wichtig waren.
Er musste doch auch an seine Familie denken!
Später habe ich mich an die guten Zeiten
mit meinem Vater erinnert.
Zum Beispiel hat er mir
das Schach-Spielen beigebracht.

Ein paar Jahre lang habe ich auch
in einem Schach-Club gespielt.
Ich habe sogar an Wettbewerben teilgenommen
und einige Preise gewonnen.
Mein Vater war dann immer sehr stolz auf mich.

Als ich 14 Jahre alt war,
hatte ich keine Lust mehr auf den Schach-Club.
Ich wusste damals,
dass ich kein besonderer Spieler war.
Ich war gut, aber mehr eben auch nicht.
In dem Schach-Club ging es aber die ganze Zeit
nur ums Gewinnen.
Da hat mir das Schach-Spielen irgendwann
keinen Spaß mehr gemacht.
Mein Vater war natürlich enttäuscht
über meine Entscheidung.
Aber ich war froh.
Endlich musste ich nicht mehr
über das Gewinnen nachdenken.
Ich konnte einfach wieder aus Spaß
Schach spielen.

Eine schlimme Zeit

Jetzt im Winter beschäftigen mich nur zwei Dinge:
die Kälte und der Hunger.
Eigentlich sind wir in Russland
an kalte Winter gewöhnt.
Aber dieses Jahr ist die Kälte besonders schlimm.
Leningrad ist eine Eis-Hölle.
In der ganzen Stadt findet man nicht
das kleinste Stückchen Holz zum Heizen.
Die Bewohner haben alles aus Holz verfeuert.
Sogar die Sitz-Bänke in den Parks
wurden zerhackt und verbrannt.

Ich trage viele Kleider-Schichten übereinander,
um warm zu bleiben.
Das beste Stück, das ich habe,
ist ein alter Mantel von meinem Vater.
Er ist mir eigentlich zu groß, aber er wärmt gut.

Genauso schlimm wie die Kälte ist der Hunger.
Im Sommer habe ich noch dicke Butterbrote
in mich hineingestopft.
Ich habe nicht darüber nachgedacht,
dass Essen etwas Wertvolles ist.
Manchmal habe ich sogar
die Brotränder auf dem Teller liegen gelassen.
Auch wenn meine Mutter darüber geschimpft hat.

Jetzt würde ich mich freuen,
wenigstens ein kleines Stück Brot zu haben.
Aber in Leningrad gibt es nur noch wenig zu essen.
Die Deutschen lassen keine Lastwagen
mit Lebensmitteln mehr in die Stadt.
Außerdem bombardieren sie die Lagerhäuser,
in denen es noch Vorräte gibt.
In den Geschäften gibt es kaum noch
etwas zu kaufen.

Deshalb kümmert sich jetzt
die Stadt-Verwaltung um die wenigen Vorräte.
Sie hat Lebensmittel-Marken
an jeden Bewohner verteilt.
Das sind Papp-Karten
mit bedruckten Feldern zum Abreißen.
Auf den Feldern steht dann zum Beispiel:
100 Gramm Brot. Oder: fünf Kartoffeln.
Jeder Bewohner bekommt nur das,
was auf diesen Lebensmittel-Marken steht.
Familien mit kleinen Kindern und alte Leute
bekommen ein bisschen mehr.
Und die Arbeiter in den Fabriken natürlich auch.
Aber es ist nicht genug, um wirklich satt zu werden.

Meine Freunde

„Ich bin Feuerwehrmann",
habe ich zu meiner Mutter gesagt.
Und dass ich deswegen
unbedingt in Leningrad bleiben muss.
Das klingt ganz schön wichtig.
Aber es ist nicht mal gelogen.

Ich bin der Anführer von einer Lösch-Mannschaft.
Zu meiner Mannschaft gehören
meine Freunde Vera, Oleg und Grischa.
Sie sind alle genauso jung wie ich.
Vera ist irgendwie in Grischa verknallt.
Jedenfalls durfte Grischa sie schon mal küssen.
Vera spielt mit großer Begabung Cello.
Oleg und Grischa sind Zwillinge.
Sie geben immer damit an,
dass sie zweistimmig furzen können.
Das ist aber auch ihre einzige Begabung, finde ich.

Jede Nacht sitzen wir ungefähr drei Stunden
auf dem Dach von unserem Wohnblock.
Länger hält es draußen keiner aus, weil es so kalt ist.
Dann löst uns die nächste Mannschaft ab.

Wir haben Eimer mit Wasser und Sand bei uns.
Und Schaufeln und Eisen-Haken.

Falls unser Wohnblock bombardiert wird,
sind wir sofort einsatzbereit.
Meistens haben wir aber sehr viel Zeit.
Wir beobachten dann die Luft-Kämpfe
zwischen den Flugzeugen über der Stadt.
Wir fühlen uns wie in einem Theater,
ohne dass wir Eintritt bezahlen müssen.
Die starken Such-Scheinwerfer von unserer Armee
beleuchten die Flugzeuge von unten.
Die deutschen Flugzeuge sind groß
und ziemlich langsam.
Unsere russischen Flugzeuge dagegen
sind viel schneller.
Sie sind auch sehr angriffslustig.

Wenn ein deutsches Flugzeug getroffen wird,
ist auf allen Dächern großes Jubelgeschrei zu hören.
Dann merkt man, dass wir im Krieg sind.
Wir haben kein Mitleid mit den deutschen Soldaten
in den herabstürzenden Flugzeugen.
Sie sind nur die Feinde, die wir vernichten müssen.

Ein toter Soldat

Heute ist Silvester, der letzte Tag im Jahr 1941.
Vera hat irgendwoher ein bisschen Öl
und eine halbe Zwiebel bekommen.
Sie schneidet die Zwiebel in vier Teile.
Dazu gibt es für jeden ein winziges Stückchen Brot.
Nach der Mahlzeit fühlen wir uns richtig gestärkt.
Obwohl es nur einige winzige Happen waren.
Wir liegen eingewickelt in unseren Wolldecken
auf dem Dach und hören Radio.

Plötzlich schreit Vera laut auf:
„Da, schaut mal!"
Sie zeigt mit dem Finger in den Himmel.
Jetzt sehen wir es auch:
ein Fallschirm, der wie eine weiße Blume aussieht.
Er schwebt ganz langsam in die Stadt hinunter.
Der Soldat, der darunter hängt, bewegt sich nicht.
Er ist ganz offensichtlich tot.

Oleg sagt: „Das ist ein Fritz!"
Wir nicken und geben ihm recht.
Die graue Uniform ist eindeutig
als deutsche Uniform zu erkennen.
Wir beobachten gespannt den Fallschirm.
Wo wird er landen?
Vielleicht in unserer Straße?

Wir haben alle den gleichen Gedanken.
Dieser Soldat hat bestimmt
interessante Dinge bei sich.
Auf jeden Fall ein paar warme Kleidungs-Stücke.
Vielleicht sogar etwas zu essen.
Meine Freunde und ich rennen die Treppe hinunter.
Wir klettern über das verschlossene Hoftor.
Wir wissen, dass es verboten ist,
nachts die Häuser zu verlassen.
Seit der Krieg angefangen hat,
ist das eine neue Regel der Stadt-Verwaltung.
Nur Soldaten und Polizisten sind nachts unterwegs.
Sie kontrollieren die Straßen.
Aber dieses Verbot interessiert uns jetzt nicht.
Wir wollen den toten Soldaten finden.

Unten auf der Straße müssen wir
noch einen Moment warten.
Dann schwebt der Fallschirm auf uns zu.
Der tote Soldat schleift noch
ein Stückchen die Straße entlang.
Dann fällt er uns direkt vor die Füße.
Wir stürzen uns auf ihn.
Vera reißt ihm sofort den Schal vom Hals.
Grischa schnappt sich die Pistole,
die der Soldat bei sich hat.
Der Soldat hat eine Tasche um sein Bein geschnallt.
In dieser Tasche steckt ein scharfes Messer.

Ich mache die Tasche los
und schnalle sie um mein eigenes Bein.
Oleg hält grinsend ein paar Geldscheine hoch.
Deutsches Geld!
Dann zieht er noch eine Flasche
aus einer der Jackentaschen.
„Guckt mal hier. Ist das Kognak?"

Ich probiere einen Schluck und nicke.
Vera fragt mich:
„Woher weißt du denn, wie Kognak schmeckt?"
Ich zucke mit den Schultern und sage:
„Weiß ich eben."

Und dann sitzen wir um den toten Soldaten herum
und trinken abwechselnd aus der Flasche.
Es ist uns völlig egal, was wirklich in der Flasche ist.
Es wärmt unsere kalten Körper von innen.
Das ist die Hauptsache.

Vera fragt: „Wie ist der wohl gestorben?
Ich sehe gar keine Verletzungen."

„Wahrscheinlich ist er erfroren.
Seine Uniform ist viel zu dünn für unseren Winter."
Grischa hebt die Flasche hoch
und prostet uns zu:
„Auf die Kälte!"

Wir feiern uns selbst, weil wir
einen toten Soldaten gefunden haben.
Noch dazu einen Deutschen. Einen Feind!

Deshalb hören wir den Motor erst sehr spät.
Zu spät!
Plötzlich leuchten uns Auto-Scheinwerfer an.
Es sind Soldaten der russischen Armee,
die als Wache unterwegs sind.
Wir geraten in Panik.
Alles, was wir gerade tun, ist streng verboten.
Die Soldaten werden uns sofort erschießen!

Als der erste Schreck vorbei ist, rennen wir los.
Das ist unsere Straße und unser Wohnblock.
Hier kennen wir uns aus.
Wir müssen jetzt nur schnell genug sein.
Die Soldaten brüllen hinter uns her
und folgen uns mit großen Schritten.
Grischa und Oleg schaffen es
als Erste über das Hoftor.
Sie sind in Sicherheit.
Ich bin auch schon halb oben
und drehe mich noch einmal um.
Da sehe ich Vera.
Sie ist hingefallen und schaut mich hilfesuchend an.
In diesem Moment hasse ich sie.
Ich kann jetzt nicht über das Tor klettern

und sie alleinlassen.
Sie ist unsere Freundin.
Also springe ich wieder runter.
Ich helfe ihr auf die Füße und ziehe sie zum Tor.
Ich schiebe sie hoch.
Dann versuche ich selbst, über das Tor zu klettern.

Aber die Soldaten sind schneller.
Sie packen meine Beine und ziehen mich
zurück auf den Boden.
Ihre Waffen zielen auf mein Gesicht.
Sie lachen mich aus:
„Schaut euch den kleinen Scheißer an.
Der macht sich gleich in die Hose vor Angst."

Einer der Soldaten sagt zu den anderen:
„Den Kerl nehmen wir mit.
Vielleicht kann Oberst Gretschko
was mit ihm anfangen."

Die Soldaten werfen die Leiche
von dem deutschen Soldaten in ihren Wagen.
Ich muss mich daneben setzen.
Dann fahren wir los.

Im Gefängnis

Die Soldaten bringen mich zum Gefängnis am Fluss.
Ich werde in eine Zelle gestoßen.
Kurz sehe ich ein paar leere Betten.
Dann schließt sich die Tür.
Ich stehe in völliger Dunkelheit.
Um mich herum herrscht absolute Stille.

Eigentlich macht mir das Alleinsein nichts aus.
Früher habe ich immer davon geträumt,
dass ich alleine auf der Welt bin.
Dass ich viele spannende Abenteuer erlebe.
In meinen Träumen war ich ein tapferer Held,
der alle bösen Feinde überlistet.
Und jeder Traum hatte ein glückliches Ende.
Ich habe immer gewonnen.

Aber hier im Gefängnis ist alles anders.
Dunkelheit und Stille sind wie böse Wesen.
Sie kriechen in meinen Kopf hinein.
Ich kann nicht mehr richtig denken.
Bin ich überhaupt noch am Leben?
Ich spüre die Kälte. Ich habe Durst.
Also lebe ich wohl noch.

Plötzlich höre ich Schritte.
Ganz kurz geht die Tür auf.

Ein heller Lichtstrahl fällt in die Zelle.
Ein weiterer Gefangener kommt herein.
Er ist jung und groß und trägt eine Uniform.
Eine russische Uniform.
Er kommt in die Zelle und schaut sich um.
Er sieht aus wie jemand,
der gleich einen Befehl erteilt.
Aber die Wärter knallen die Tür hinter ihm zu.
Er ist also auch ein Gefangener.

In der Zelle ist es wieder stockdunkel.
Trotzdem spüre ich, dass der Neue mich anguckt.
Dann fragt er: „Hast du was zu essen?"
„Nein", sage ich.
„Dann halt deine Hand auf."

So ein Idiot, denke ich. Der will mich reinlegen.
Bestimmt will er mir nur auf die Hand schlagen.

Aber das Wort „Essen" macht mich neugierig.
Vielleicht hat er ja doch etwas.
Ich strecke vorsichtig meine Hand ins Dunkle.
Er legt etwas Kaltes und Fettiges in meine Hand.
Wie er meine Hand in der Dunkelheit gefunden hat,
weiß ich nicht.
„Das ist Wurst", sagt er.
Ich schnuppere daran.
Dann probiere ich ein Stück.

Na ja, richtige Wurst ist es natürlich nicht.
Aber es ist Fett drin.
Und Fett ist gut gegen Hunger.
Ich kaue langsam auf dem fettigen Ding herum.

„Wie heißt du?", fragt der Neue weiter.
„Lew", sage ich.
„Und dein Nachname?"
Ich erwidere mürrisch:
„Was geht dich das an?"

„Du kannst ruhig ein bisschen höflicher sein",
sagt er. „Wenn ich mich vorstelle,
nenne ich immer meinen vollen Namen:
Nikolai Alexandrowitsch Wlassow.
Meine Freunde nennen mich aber Kolja."

Kurze Pause. Dann: „Warum bist du hier?"
Dieser Kolja ist wirklich neugierig.
Ich antworte: „Die Wache hat mich erwischt,
als ich einen toten Deutschen geplündert habe."

„Was? Wo?" Seine Stimme klingt erstaunt.
Ich erkläre ihm die Geschichte kurz.
„Und warum bist du hier?", frage ich dann.

Er seufzt.
„Die Soldaten halten mich für einen Deserteur.

Aber ich wollte nur kurz
bei der Universität vorbeischauen.
Vor dem Krieg habe ich nämlich studiert."

Ich muss beinahe lachen.
Was ist das denn für eine verrückte Geschichte?
Wahrscheinlich ist dieser Kolja abgehauen
und die Wache hat ihn erwischt.
Pech gehabt!

Ich frage ihn:
„Warum haben die Soldaten uns nicht sofort
erschossen? Was haben die mit uns vor?"
Ich sehe es nicht, aber er zuckt bestimmt
mit den Schultern.
„Keine Ahnung. Auf jeden Fall sind wir hier
in Sicherheit, falls die Stadt bombardiert wird."
Er gähnt.
Und dann ist er plötzlich eingeschlafen.

Ich beneide Menschen,
die einfach so einschlafen können.
Seit meiner Kindheit habe ich Schlaf-Probleme.
Auch heute liege ich wach
und starre in die Dunkelheit.
Wann kommt endlich wieder das Tageslicht?
Und was wird dann mit uns passieren?

Kolja

Der nächste Tag beginnt damit,
dass Kolja und ich noch am Leben sind.
Als sich die Tür von unserer Zelle öffnet,
bekomme ich wieder Angst.
Zwei Wärter holen uns nach draußen.
Ich denke: Jetzt ist es so weit.
Jetzt werden wir wohl erschossen.

Kolja hat offenbar keine Angst.
Er sagt mit lustiger Stimme zu den Wärtern:
„Guten Morgen, meine Herren. Ich hätte gerne
eine Tasse Tee und ein Omelett zum Frühstück."
Die Wärter grinsen.
Sie hören solche Witze bestimmt nicht oft.

Ich sehe mir Kolja genauer an.
Er ist sicher der Traum-Mann für alle Frauen.
Blonde Haare und sehr blaue Augen.
Er sieht sehr gut aus mit seinem schmalen Gesicht.
Ich beneide ihn jetzt schon
für sein Aussehen und seine Fröhlichkeit.

Draußen auf der Straße warten zwei Soldaten
in einem Auto von der Armee auf uns.
Kolja tut so, als ob er in ein Taxi steigt.
„Guten Morgen, die Herren. Zum Theater bitte."

Aber diese beiden Soldaten finden das
gar nicht lustig.
Einer von beiden dreht sich um und brüllt Kolja an:
„Wenn du nicht gleich dein dummes Maul hältst,
breche ich dir den Arm. Du elender Deserteur!"

Kolja gibt sofort eine freche Antwort.
Er hält dem Soldaten seinen Arm hin und sagt:
„Hier, brich mir den Arm.
Aber ich bin kein Deserteur!"

Der Soldat und Kolja starren sich an.
Ich habe Angst.
Warum kann Kolja nicht einfach
seinen Mund halten?
Das hier ist kein Spiel.
Und die Soldaten haben schlechte Laune.

Jetzt brüllt mich der andere Soldat an:
„Steig endlich ein, du kleiner Idiot!"
Ich springe schnell in den Wagen.
Dann rasen wir los.

Der Auftrag

Nach einer wilden Fahrt halten wir
an einer großen, alten Villa.
Die früheren Besitzer sind wahrscheinlich
längst vor dem Krieg geflohen.
Jetzt sind am Eingang Sandsäcke aufgestapelt.
Dahinter sitzen Soldaten mit Maschinen-Pistolen.
Sie bewachen das Haus.
In der Villa laufen jede Menge Soldaten herum.
Ihre Uniformen sehen nicht
wie die Uniformen von unserer Armee aus.
Kolja flüstert mir zu:
„Das sind Leute vom Geheimdienst!"
Am liebsten möchte ich ihn laut anschreien:
„Das weiß ich doch selber!"

Leute in solchen Uniformen haben damals
meinen Vater abgeholt.
Auch andere Männer aus unserem Wohnblock
wurden abgeholt.
Manche sind wieder zurückgekommen.
Andere nicht. Wie mein Vater.

Kolja und ich werden in ein Zimmer gebracht.
Ein älterer Mann in Uniform sitzt
an einem Schreibtisch und telefoniert.
Wir bleiben an der Tür stehen.

Der Mann hat ein Gesicht wie ein Boxer.
Seine Nase ist plattgedrückt und krumm.
Er ist ungefähr 50 Jahre alt,
aber er wirkt sehr kräftig.
Auf seiner Uniform sind drei Sterne.
Er ist offenbar der Oberst,
den die Wache gestern erwähnt hat.
Während er telefoniert,
schaut er Kolja und mich prüfend an.

Dann legt er den Telefonhörer auf.
Er lächelt uns an und sagt:
„Da sind sie also – der Plünderer und der Deserteur."
Sein Lächeln wirkt irgendwie unheimlich.

„Ich bin kein Deserteur", sagt Kolja laut.
Der Oberst kommt auf uns zu
und bleibt erst kurz vor uns stehen.
„Warum bist du dann 40 Kilometer von deiner
Truppe entfernt festgenommen worden?"
„Dafür gibt es eine einfache Erklärung",
antwortet Kolja.

„Und du?", fragt mich der Oberst.
„Da landet ein toter Deutscher auf eurer Straße.
Und du gehst einfach hin und nimmst dir,
was du willst. Anstatt die Polizei zu informieren.
Hast du dafür auch eine Erklärung?"

Mein Mund ist völlig ausgetrocknet.
Ich kann kaum antworten: „Es tut mir leid."

Der Oberst lacht wieder. „Es tut dir leid?
Hast du bei dem toten Soldaten
etwas Interessantes gefunden?"
Ich schnalle das Messer von meinem Bein
und zeige es dem Oberst.

Er sieht es sich an und fragt mich:
„Weißt du, wie man einem Menschen
die Kehle durchschneidet? Schau mal her!"
Der Oberst zeigt mir,
wie ich das Messer bewegen soll.
Dann wirft er es mir wieder zu.
„Hier, steck ein. Du wirst es noch brauchen."
Kolja und ich sehen uns an.
Was ist das denn?
Warum zeigt der Oberst mir solche Tricks?

Jetzt steht er bei den Fenstern und schaut hinaus.
Plötzlich fragt er mich:
„Dein Vater war der Dichter?"
Ich murmele leise: „Ja."
Der Oberst sagt:
„Er konnte gut schreiben. Aber er hat Pech gehabt."
Kolja schaut mich neugierig an.
Ich schaue auf den Boden und sage nichts.

Aber ich weiß jetzt, dass auch der Oberst einmal
in einem Gefängnis gesessen hat.
Und dass er wahrscheinlich auch gefoltert wurde.
Deshalb ist sein Gesicht so kaputt.
Der Oberst aber war wichtig für die Regierung.
Deshalb ist der Oberst noch am Leben.

Draußen auf dem zugefrorenen Fluss
läuft eine junge Frau Schlittschuh.
„Das ist meine Tochter", erzählt uns der Oberst.
„Sie heiratet nächsten Freitag.
Meine Frau möchte eine große Torte backen lassen.
Weil eine Hochzeit ohne Torte Unglück bringt.
Alle Zutaten sind schon da. Nur die Eier fehlen."

Er sieht Kolja und mich an.
Kolja sagt: „Vielleicht hat die Armee irgendwo Eier."

Der Oberst schüttelt den Kopf.
„Angeblich gibt es in der ganzen Stadt
keine Eier mehr zu kaufen.
Aber ich glaube, dass es Eier zu finden gibt.
Ich muss nur die richtigen Leute losschicken.
Zwei Diebe zum Beispiel!"

Kolja kann seinen Mund nicht halten:
„Wir sind keine Diebe!"
Ich glaube es einfach nicht.

Wir sind nur noch am Leben, weil der Oberst will,
dass wir die Eier für ihn besorgen.
Warum muss dieser Kolja jetzt wieder
so ein dummes Zeug reden?

Der Oberst schaut uns an und schimpft dann los:
„Ein Deserteur und ein Plünderer!
Natürlich seid ihr Diebe!"

Er ruft einen Soldaten herein:
„Die beiden Burschen hier brauchen Frühstück.
Hol ihnen was zu essen."
Zu uns sagt er:
„Ich brauche diese Eier bis nächsten Donnerstag.
Gebt mir eure Lebensmittel-Marken. Ihr bekommt
sie zurück, wenn ihr die Eier besorgt habt."
Der Oberst reicht uns ein Papier.
„Das ist ein Erlaubnis-Schreiben für euch.
Damit dürft ihr überall hingehen.
Und hier sind 400 Rubel."
Kolja steckt das Schreiben und das Geld ein.

Das Frühstück kommt.
Heißer Tee und dicke Brotscheiben mit Schmalz.
So etwas Köstliches habe ich
schon lange nicht mehr gegessen.
Dann drängt uns der Oberst zum Aufbruch:
„Los jetzt. Ihr habt nicht mehr viel Zeit."

Zurück in die Stadt

Kolja und ich schlingen unser Frühstück hinunter.
Dann machen wir uns auf den Weg
zurück in die Stadt.
Die alte Villa liegt ganz am Stadt-Rand.
Wir haben einen langen Marsch vor uns.

Kolja ist nicht lange still.
Er redet wirklich gerne.
„Die Tochter vom Oberst hat mich angelächelt."

„So ein Quatsch!", erwidere ich sofort.
„Sie hat uns nicht mal angeschaut!"

Aber Kolja gibt nicht nach.
„Natürlich hat sie mich angelächelt.
Ich glaube, sie kennt mich von der Universität.
Ich bin da ein ziemlich bekannter Mann."

„Als was denn? Als Deserteur?",
versuche ich ihn zu ärgern.
Kolja schaut mich böse an.
„Sag das mit dem Deserteur nicht noch mal.
Sonst schlag ich dir die Zähne aus!"

„Und ich stech dich mit meinem Messer ab,
wenn du mich anfasst."

Ein paar Minuten lang starren wir uns wütend an.
Dann dreht Kolja sich um und geht weiter.

Eigentlich ist es dumm von uns zu streiten.
Wir haben eine schwere Aufgabe vor uns.
Wenn wir die Eier nicht rechtzeitig besorgen,
sind wir tot.

Kolja schlägt vor, dass wir zum Heumarkt gehen.
So heißt ein Platz im Süden der Stadt.
Hier wird alles Mögliche verkauft.
„Vielleicht haben wir dort schon Glück
und finden die Eier", sagt er.

„Warum haben die Männer vom Oberst dann
keine Eier bekommen? Wenn es so einfach ist,
wie du sagst?", will ich von ihm wissen.

Kolja rollt mit den Augen.
„Weil auf dem Heumarkt gestohlene Sachen
verkauft werden. Und die Leute verkaufen sicher
keine gestohlenen Eier an den Geheimdienst."

O Mann, dieser Kolja nervt!
Er ist auch nicht viel älter als ich.
Aber er tut so, als ob er über alles Bescheid weiß.
Wie soll ich dieses Gequatsche
die nächsten Tage ertragen?

Der Weg durch die Stadt ist lang.
Der Wind bläst eisig.
Schneeflocken wirbeln durch die Luft.
Aber die Brote und der Tee haben mich gestärkt.
Meine Beine fühlen sich wieder kräftiger an.
Irgendwo werden wir die Eier schon finden
und sie dem Oberst bringen.
Für mich ist das Wichtigste,
dass ich nicht erschossen werde.
Alles andere ist mir egal.

Als wir zu einer großen Einkaufs-Straße kommen,
fange ich an zu träumen.
Ich denke an die Zeit vor dem Krieg.
An die Geschäfte voller Lebensmittel.
An die vielen Menschen auf der Straße.
An das Hupen von vielen Autos.
Und an die hübschen Mädchen
vor den Mode-Schaufenstern.
Ich habe mich nie getraut,
ein Mädchen anzusprechen.
Ich habe sie einfach nur gerne beobachtet.

Kolja sieht mich von der Seite an.
„Hast du schon mal mit einer Frau geschlafen?",
fragt er mich grinsend.
Wie jetzt? Kann er Gedanken lesen?
„Was geht dich das an?", murmele ich mürrisch.

Kolja grinst immer noch.
„Ich wette, du hast es noch nie getan.
Aber du hast Glück.
Ich bin der absolute Fachmann für Frauen.
Ich kann dir gute Tipps geben."

So ein Angeber!
„Du bist wohl der Fachmann für alles, was?
Wie alt bist du eigentlich?"
Meine Stimme klingt jetzt wütend.

Kolja lässt sich nicht aus der Ruhe bringen.
„Ich bin 20. Und ein Fachmann bin ich nur
für drei Dinge: Frauen, Bücher und Schach."
Schach? Jetzt habe ich ihn!
Beim Schach bin ich nämlich der Fachmann.
„Wir können ja wetten, wer besser spielt",
schlage ich vor.
Kolja lächelt.
„Wenn ich gewinne, nehme ich dein Messer.
Wenn du gewinnst, bekommst du meine
Spielkarten. Mit Fotos von nackten Frauen.
Die werden dir gefallen."

Das hört sich gut an.
Ich hoffe, dass wir irgendwann Zeit
für eine Partie Schach haben.
Ich bin absolut sicher, dass ich gewinnen werde.

Kriegs-List

Eine Straße weiter begegnen wir
einer Gruppe von kleinen Jungs.
Sie sehen dick aus, weil sie
so viele Kleidungs-Stücke übereinander tragen.
Aber ihre Gesichter sind ganz dünn.
Diese Jungs sind Kriegs-Waisen.
Sie haben niemanden mehr,
der sich um sie kümmert.
Mit kleinen Arbeiten versuchen sie,
ein bisschen Geld oder Essen zu verdienen.

Heute schleppen sie Leitern und Farbeimer mit sich.
Mit der weißen Farbe übermalen sie
die Straßen-Schilder.
Kolja starrt sie erstaunt an.
Dann brüllt er los:
„Hej, ihr kleinen Scheißer! Was macht ihr denn da?
Seid ihr verrückt geworden?"

Einer der Jungs schaut ihn kurz an
und gibt eine freche Antwort.
Das macht Kolja noch wütender.
Er packt den Jungen an der Schulter
und schüttelt ihn.
„Hej, Bürschchen! Ich bin Soldat der Roten Armee.
Wie sprichst du denn mit mir?"

Der Junge schaut Kolja böse an und schreit:
„Nimm deine Pfoten weg!“

Bis jetzt habe ich meinen Mund gehalten.
Ich weiß ja, was die Jungs da machen.

„Kolja“, sage ich jetzt. „Lass die Jungs in Ruhe.
Das ist doch kein Spiel hier.
Die Jungs haben einen Auftrag.“

Kolja schaut mich fragend an.
Ich erkläre es ihm:
„Die Straßen-Schilder werden übermalt,
damit die Deutschen nicht wissen, wo sie sind.
Falls sie doch hier in Leningrad einmarschieren.“

Kolja macht große Augen.
„Woher weißt du das?“
„Weil ich das vor ein paar Tagen
auch gemacht habe“, erwidere ich.
Kolja guckt immer noch überrascht.
Dann fängt er an zu grinsen.
„Eigentlich keine schlechte Idee.
Weitermachen!“, ruft er den Jungs zu.
Aber die Gruppe ist schon längst weitergelaufen.

Auf dem Heumarkt

Vor dem Krieg war der Heumarkt
der Treffpunkt der armen Leute.
Hier konnte man für wenig Geld
alle möglichen Dinge kaufen.
Seit der Belagerung ist der Heumarkt
auch zu einem Tausch-Markt geworden.
Jetzt sind hier oft reiche Leute zu sehen.
Sie tauschen ihren Schmuck
oder andere teure Sachen gegen Lebensmittel.
So hat die Frau von Oberst Gretschko auch
die Zutaten für die Torte bekommen.
Nur die Eier fehlen eben noch.

Kolja bleibt an einem der Verkaufs-Tische stehen.
Er schaut sich die Flaschen an,
die dort aufgestellt sind.
Sie sind mit einer durchsichtigen Flüssigkeit gefüllt.
„Was ist denn da drin?“, fragt Kolja den Verkäufer.
„Wodka.“ Der Mann ist nicht sehr freundlich.
Kolja wird neugierig.
„Wodka aus was denn?“, fragt er weiter.
„Holz.“ Die Stimme des Mannes wird ungeduldig.
„Willst du was kaufen oder nicht?“
Kolja lacht.
„Das ist kein Wodka, das ist Holz-Alkohol.
Davon wird man blind.“

Der Verkäufer sagt mürrisch:
„Du musst es durch ein Stück Stoff gießen.
Dann passiert nichts."
Kolja nickt.
„Ich nehme ein Glas, wenn du mittrinkst.
Vielleicht kaufe ich dann auch eine Flasche."
Ich protestiere:
„Kolja, für so was haben wir doch gar kein Geld."
Aber Kolja hört mir nicht zu.

Der Verkäufer stellt ein Glas auf den Tisch.
Kolja gibt dem Mann sein Taschentuch,
das einigermaßen sauber ist.
Der Verkäufer gießt die Flüssigkeit
durch den Stoff in das Glas.
Das Zeug stinkt fürchterlich.
Und das Taschentuch sieht jetzt auch
ziemlich schmutzig aus.

Der Verkäufer nimmt einen winzigen Schluck.
Sein Gesicht ist so ausdruckslos wie eine Maske.
Dann schiebt er das Glas zu Kolja hin.
Und was macht dieser verrückte Kerl?
Kolja hebt das Glas, prostet uns zu
und trinkt es in einem Zug aus.
Dann knallt er das Glas auf den Tisch zurück.
Er reißt seine Augen auf
und streckt seine Hände aus.

„Lew, Lew, wo bist du? Hilfe, ich sehe nichts mehr!"
Kolja tastet mit seinen Händen in der Luft herum.
Ich falle auf den Quatsch nicht herein.

Der Verkäufer wird böse:
„Du hast es zu schnell getrunken.
Selber schuld! Ich will jetzt mein Geld."
Kolja blinzelt mit den Augen
und stößt mich leicht an.
„Also los, du hast es gehört. Der Mann will sein Geld.
Gib ihm sein Geld!"

Ich bin verwirrt und sage:
„Ich habe doch gar kein Geld."
Kolja schubst mich etwas stärker.
„Was sagst du da, Bürschchen?
Ich bin ein Soldat der Roten Armee.
Und du versuchst, mich anzulügen?"
Kolja steckt seine Hände in meine Manteltaschen
und wühlt darin herum.
Natürlich ist kein Geld darin, und Kolja weiß das.
Er spielt einfach nur Theater,
weil er den Verkäufer ärgern will.
Aber der Mann versteht keinen Spaß.
Plötzlich zeigt er uns ein scharfes Messer.
Er sagt drohend zu Kolja:
„Du denkst wohl, weil du Soldat bist,
kannst du dir alles erlauben."

Ich habe Angst, dass der Mann gleich zusticht.
Aber Kolja schaut den Verkäufer ganz ruhig an.
„Ja, tut mir leid. Ich dachte, wir hätten Geld dabei."

Der Verkäufer starrt Kolja böse an.
„Hau bloß ab, du!
Sonst schlitz ich dir das Gesicht auf!"

Kolja dreht sich lächelnd um
und geht langsam zum nächsten Tisch.
Ich folge ihm mit klopfendem Herzen.
„Warum machst du so was?", frage ich Kolja wütend.
„Warum musst du andauernd
irgendwelche Leute wütend machen?"

„Ich hab einfach einen Schluck Alkohol gebraucht.
Jetzt bin ich wieder fit.
Sei doch froh, dass wir leben.
Wir werden die Eier für den Oberst besorgen.
Dann wird alles gut."

Kolja redet gerade so, als ob wir
ein lustiges Abenteuer erleben.
Aber hier und jetzt ist gar nichts lustig.
Es ist Krieg!
Und unsere Aufgabe ist auch nicht gerade einfach.
Ich bin mir nicht so sicher, dass alles wieder gut wird.

Stimmt das?

Wir laufen weiter über den Heumarkt.
Ab und zu fragen wir die Verkäufer nach Eiern.
Aber die Leute hier haben schon lange
keine Eier mehr gesehen.
Dann erzählt uns ein Junge
eine verrückte Geschichte von einem alten Mann.
Dieser alte Mann soll angeblich
ein paar Hühner haben.
Er hat einen Hühnerstall auf dem Dach
von seinem Wohnhaus.
Und er hat ein Gewehr,
um die Hühner zu beschützen.

Natürlich glauben wir diese Geschichte nicht.
Das kann doch gar nicht wahr sein.
Kolja und ich stellen dem Jungen viele Fragen.
„Was macht denn der Mann,
wenn er aufs Klo muss?
Wann holt er sich denn etwas zu essen?
Wann schläft er denn mal?"

Der Junge zuckt nur mit den Schultern.
„Mein Bruder hat mir das erzählt.
Er hat die Hühner auch schon gesehen."
Der Bruder! Diese Art von Geschichten
hört man jetzt andauernd.

Immer hat irgendein Bruder
etwas gesehen oder gehört.
Vielleicht gibt es ja doch irgendwo
geheime Verstecke mit Lebensmitteln.
Alle Bewohner von Leningrad
hoffen auf so ein Wunder.
Alle haben Hunger und träumen davon,
einmal satt zu werden.
Aber ich bin jetzt müde und will nach Hause.
Ich habe lange nicht geschlafen.
Es ist auch noch ein bisschen Brot
in unserer Wohnung versteckt.
Das möchte ich essen.

Ich lasse Kolja bei dem Jungen stehen.
Während ich langsam weitergehe,
denke ich an meine Freunde.
Ob sie wohl noch alle da sind?
Haben sie mich vermisst?
Immerhin habe ich Vera das Leben gerettet.
Ich träume vor mich hin
und achte nicht auf meine Umgebung.

Da spricht mich plötzlich ein großer Mann an.

Der erste Versuch

Zuerst schaue ich den Mann erschrocken an.
Der Mann ist riesig und sehr kräftig.
Er trägt einen dichten, schwarzen Bart.
Ich finde ihn unheimlich.
Die meisten Menschen in dieser Stadt
sind vom Hunger ganz dünn geworden.
Wieso sieht dieser Mann so gesund und stark aus?
Woher bekommt er so viel zu essen?
Erst jetzt höre ich, dass er mich etwas fragt:
„Du suchst Eier?“

Ich frage aufgeregt zurück: „Haben Sie welche?“
„Was gibst du mir dafür?“, will der Mann wissen.

Ich sage schnell: „Wir haben Geld. Warten Sie!
Ich hole meinen Freund.“

Ich laufe zurück zu Kolja.
Der steht immer noch bei dem Jungen am Tisch.
Ich winke ihm zu:
„Kolja, komm schnell!
Hier ist ein Mann, der Eier verkauft.“
Kolja verabschiedet sich von dem Jungen
und folgt mir.
Als wir beide vor dem riesigen Mann stehen,
fragt er uns misstrauisch:

„Sind da noch mehr von euch Jungs?“
Ich finde die Frage seltsam.
Warum will der Mann das wissen?
Aber Kolja antwortet lächelnd:
„Nein, wir sind nur zu zweit.“

„Na, dann los. Ich habe die Eier zu Hause.
Hier auf dem Heumarkt ist es nicht sicher.“

Gemeinsam laufen wir ein Stück durch die Stadt.
Auf dem zugefrorenen Kanal liegen Leichen.
Der Boden ist zu hart, um Gräber zu schaufeln.
Deshalb werden die Toten erst einmal
an verschiedenen Plätzen abgelegt.
Manche sind mit Tüchern zugedeckt.
Andere nicht. Es ist ein furchtbarer Anblick.

Dann bleibt der Mann vor einem Haus
mit fünf Stockwerken stehen.
Die Fenster sind alle mit Holz-Platten zugenagelt.
Der Mann schließt die Haustür auf
und winkt uns rein.
Ganz plötzlich habe ich
ein komisches Gefühl im Bauch.
Ich halte Kolja fest, bevor er in das Haus geht.

„Können Sie die Eier nicht runterbringen?
Wir warten hier“, sage ich zu dem Mann.

„Nein, ich mache keine Geschäfte auf der Straße“, antwortet er mürrisch.
„Und ich gehe nicht zu unbekannten Leuten ins Haus“, sage ich mit fester Stimme.

Ich bin von mir selbst überrascht.
So rede ich normalerweise nicht mit Fremden.
Aber mein Bauch-Gefühl sagt mir, dass hier etwas nicht stimmt.

Kolja ist im Gegensatz zu mir gut gelaunt.
Wahrscheinlich freut er sich, dass wir unseren Auftrag so schnell erledigen können.
Er lächelt uns beide an und sagt:
„Aber, meine Herren!
Wir wollen doch nicht streiten.
Wir wollen ein Geschäft machen.“

Da gebe ich nach.
Ich folge dem Mann und Kolja ins Treppenhaus.

Ein furchtbares Erlebnis

Der Mann steigt sehr schnell die Treppen hoch.
Ich wundere mich über seine großen Schritte.
Woher hat er so viel Kraft?
Kolja und ich keuchen schon
nach dem zweiten Stockwerk.
Ich halte kurz an und ziehe heimlich
das Messer aus der Tasche am Bein.
Ich stecke es in meine Manteltasche.
Kolja grinst und schüttelt den Kopf.
Er versteht nicht, warum ich so ängstlich bin.

Im vierten Stock klopft der Mann an eine Tür.
Eine Stimme fragt: „Wer ist da?"
Der Mann antwortet:
„Ich bin es. Ich hab hier zwei Leute,
die Eier kaufen wollen."

Die Tür öffnet sich.
Eine Frau in einer blutigen Metzger-Schürze
steht vor uns.
Sie starrt uns misstrauisch an.
Kolja geht trotzdem ohne zu zögern durch die Tür.
Ich bleibe stehen.
Der Mann gibt mir einen kleinen Stoß,
damit ich weitergehe.
In der Wohnung ist es dunkel.

Ich sehe ein paar alte Teppiche herumliegen.
Auf einem Tisch steht ein Samowar.
An der hinteren Wand hängt
ein weißes Bettlaken von der Decke.
Wahrscheinlich ist das die Schlafecke, denke ich.
Dann macht der Mann die Tür zu.
Das Laken flattert im Luftzug nach oben.

Ich kann nicht glauben, was meine Augen da sehen!
Mein Gehirn weigert sich, es zu glauben.
Hinter dem Laken steht kein Bett.
Da hängen blutige Stücke Fleisch an Eisen-Haken!
Das ist Fleisch von Menschen!
Ich erkenne einen Arm und ein Bein.
Wo sind wir hier hingeraten?

In dem Moment höre ich ein Geräusch hinter mir.
Ich ziehe das Messer aus der Manteltasche
und drehe mich um.
Der Mann hat plötzlich ein langes Eisenrohr
in der Hand.
Ich ziele mit dem Messer nach ihm.
Er weicht mir aus.
Auch die Frau hat etwas aus ihrer Schürze gezogen.
Ein Beil!
Aber Kolja reagiert schnell.
Er schlägt die Frau mit einem Kinnhaken zu Boden.
Gleichzeitig schreit er mir zu: „Lauf!“

Und ich laufe.
Aus der Wohnung.
Ein Stück die Treppe hinunter.
Dann bleibe ich keuchend stehen.
Ich kann Kolja nicht allein lassen.
Er hat keine Waffe, um sich zu verteidigen.
Aber ich habe schreckliche Angst.
Über mir höre ich den Mann brüllen
und mit dem Rohr auf etwas schlagen.
Ich hoffe, dass es nicht Koljas Kopf ist.
Was soll ich bloß tun?

Im nächsten Moment kommt Kolja
aus der Wohnung gerannt.
Er packt mich und schreit wieder: „Los, lauf!"
Ich bin noch nie in meinem Leben so schnell gerannt.
Wenn ich stolpere, spüre ich Koljas Hand.
Er hält mich fest und passt auf mich auf.
Zum ersten Mal bin ich froh, dass er da ist.

Hinter uns hören wir die Schritte
und das laute Brüllen von dem Mann.
Wir rennen auf die Straße.
Dort ist kein Mensch.
Niemand, der uns helfen kann.
Wir rennen so schnell wir können weiter.
Bloß weg von diesem Haus!

Nach Hause

Kolja und ich rennen noch ein paar Straßen weiter.
Dann bleiben wir keuchend stehen.
Wir schauen uns immer wieder um.
Aber der Mann verfolgt uns nicht mehr.
Wir können immer noch nicht glauben,
was wir da gesehen haben.
Die schrecklichen Bilder sind in unseren Köpfen.

Ich habe immer noch ein schlechtes Gewissen.
„Kolja“, sage ich.
„Es tut mir leid, dass ich weggelaufen bin.“

Er schüttelt den Kopf und antwortet:
„Wieso denn? Ich hab doch gesagt,
dass du abhauen sollst.
Dein Messer hätte dir gar nichts genützt.
Dieser Kerl war einfach zu groß und zu stark.“

Ja, eigentlich hat Kolja recht.
Der Mann hatte keine Angst vor meinem Messer.
Im schlimmsten Fall hätte er mich
mit dem Eisenrohr erschlagen.

Kolja redet schon weiter.
„Außerdem war ich der Idiot. Ich habe die Gefahr
nicht rechtzeitig bemerkt, so wie du.“

Ich fühle mich ein bisschen besser.
Kolja ist also nicht böse auf mich.
Er denkt auch nicht, dass ich ein Feigling bin.
Ich schlage vor, dass wir zu meiner Wohnung gehen.
Dort können wir ein Feuer machen und Tee trinken.
Nach dem schrecklichen Erlebnis von eben
brauchen wir beide einen Ort zum Ausruhen.

Es ist schon dunkel, als wir ankommen.
Kolja fragt gerade:
„Wo ist denn jetzt deine Wohnung?“
Ich hebe die Hand und will Kolja
den Wohnblock zeigen.
Aber da ist nichts mehr.
Kein Haus, keine Wohnung.
Nur ein riesiger Haufen Steine und Beton.
Ich starre auf diesen Haufen.
Was ist mit dem Haus passiert?
Wo sind die Menschen, die hier gewohnt haben?
Wo sind meine Freunde?

Ich gehe auf den Steinhaufen zu und fange an,
darin herumzuwühlen.
Kolja packt mich am Arm.
„Lew, da ist niemand mehr.“
Er deutet auf ein paar rote Holz-Stäbe.
Das sind die Zeichen der Such-Mannschaften.
Hier wurde schon nach Überlebenden gegraben.

Ich bin wie gelähmt.
Das war mein Zuhause!
Wohin soll ich jetzt gehen?

Kolja zieht mich noch einmal am Arm.
„Lew, komm mit.
Ich weiß, wo wir übernachten können.
Los, komm!"

Ich drehe mich um und laufe neben Kolja her.
Ich spüre meine Beine nicht.
Ich bewege mich wie ein Roboter.
Meine Gedanken wirbeln durcheinander.
Sind alle meine Freunde tot?
Bin ich jetzt ganz allein in dieser Stadt?
Ist dieser blonde junge Mann neben mir
der einzige Mensch, den ich noch habe?

Sonja

Kurze Zeit später klopft Kolja an eine Haustür.
Eine junge Frau mit langen blonden Haaren öffnet.
Kolja umarmt sie herzlich
und küsst sie auf die Wangen.
Sie ist zuerst ein bisschen verlegen.
Waren die beiden mal ein Paar?

Kolja lächelt und stellt uns einander vor.
„Das ist Sonja. Sie ist eine gute Freundin von mir.
Und das hier ist mein Freund Lew.
Sein Haus ist bombardiert worden.
Können wir vielleicht bei dir übernachten?"

Sonja schaut mich mitleidig an.
„Ach, du Armer", sagt sie. „Kommt doch rein.
Wir finden sicher noch einen Schlafplatz für euch."
Sie umarmt mich kurz.
Ich fühle mich gleich etwas besser.
Ich weiß zwar nicht, was mit Vera, Oleg
und Grischa passiert ist.
Aber vielleicht finde ich hier neue Freunde.

Im Wohnzimmer sitzen sechs Leute um einen Ofen.
Sie schauen uns nur stumm an und sagen nichts.
In diesen Kriegs-Zeiten ist jeder Fremde
erst einmal eine Gefahr.

Aber Sonja stellt uns alle einander vor.
Die jungen Leute sind Ärzte
und Krankenschwestern.
Sie helfen den verletzten Menschen in der Stadt.
Sonjas Wohnung ist eine Art Treffpunkt,
wo sie sich ausruhen können.

Sonja gibt Kolja und mir Gläser mit dünnem Tee.
Ich wärme mir die Hände am Glas
und halte mein Gesicht in den Dampf.
Es ist ein gutes Gefühl,
warm und sicher hier zu sitzen.

Die anderen fangen wieder an, sich zu unterhalten.
Es geht um den Krieg und den Vormarsch
der deutschen Armee.
Kolja mischt sich mal wieder sofort ein.
„Die Deutschen werden nicht
in Moskau einmarschieren."

Typisch Kolja!
Er kann seinen Mund einfach nicht halten.
Die anderen aus der Gruppe sehen ihn erstaunt an.
Aber Kolja redet mit fester und sicherer Stimme.
Als ob es keine andere Meinung dazu gibt.

Einer der jungen Männer fragt ihn ärgerlich:
„Wenn du so ein großartiger Armee-Fachmann bist,

warum sitzt du dann hier bei uns?
Warum bist du nicht bei deiner Truppe und kämpfst?“
Kolja antwortet mit ruhiger Stimme:
„Wir haben einen geheimen Auftrag.
Darüber dürfen wir nicht reden.“
Keiner sagt mehr etwas.
Und Kolja hatte mal wieder das letzte Wort.

Später legen wir uns alle eng nebeneinander
auf den Fußboden zum Schlafen.
Wir teilen uns die wenigen Wolldecken.
Jeder versucht, trotz der Kälte
ein bisschen Schlaf zu bekommen.
Nur Kolja und Sonja gehen ins Schlafzimmer.

Ich höre, wie sie miteinander schlafen
und dabei leise Geräusche machen.
Ob ich auch mal eine Freundin haben werde?
Ich möchte auch mal eine Frau neben mir spüren.
Aber ich sehe nicht so gut aus wie Kolja.
Ich bin ein dünner Kerl mit einer zu großen Nase.
Erfahrung mit Frauen habe ich auch keine.
Ich höre den beiden Menschen zu,
die sich dort leise lieben.
Ich fühle mich furchtbar einsam und allein.

Der zweite Versuch

Am nächsten Morgen starten Kolja und ich
einen neuen Versuch.
Wir müssen diese Eier finden.
Heute wollen wir den alten Mann
und seine Hühner suchen.
Vielleicht stimmt diese Geschichte ja doch,
die uns der Junge gestern erzählt hat.

Endlich stehen wir vor dem gesuchten Haus.
Aber die Haustür ist abgeschlossen.
Kolja klopft mehrmals.
Niemand öffnet.
Ich habe heute schlechte Laune und schimpfe los:
„Ganz toll, wirklich.
Wir laufen stundenlang in der Kälte rum.
Und jetzt stehen wir hier wie die Idioten. Tolle Idee!“
Kolja schaut mich erstaunt an.
„Was ist denn mit dir los heute?
Hast du schlecht geschlafen?“

Ja, habe ich, möchte ich ihm am liebsten
ins Gesicht schreien.
Aber ich sage gar nichts und setze mich
auf die Treppenstufen vor dem Haus.
Heute Morgen haben wir nur eine Tasse Tee
bei Sonja getrunken.

Ich bin furchtbar hungrig.
Meine Beine fühlen sich schon wieder
sehr schwach an.

Kolja fragt mich noch einmal, was los ist.
„Ich hab dich und Sonja gestern Nacht
im Schlafzimmer gehört.
Du hast ihr die ganze Zeit was erzählt.
Macht man das so, wenn man
mit einer Frau im Bett liegt?"
Meine Stimme ist immer noch mürrisch.

Kolja ist überrascht.
Dann fängt er an zu grinsen.
„Ach so, jetzt verstehe ich, was du meinst.
Du willst wissen, wie das mit den Frauen so ist.
Du willst vorbereitet sein. Für dein erstes Mal."
Er setzt sich neben mich auf die Treppe.
„Also, hör zu. Hörst du mir zu?"
Ich nicke mit dem Kopf.
Der große Fachmann Kolja will mir gerade
die Sache mit den Frauen erklären.

Da kommen zwei Mädchen die Straße entlang.
Sie sind ungefähr in meinem Alter
und ziehen einen Schlitten hinter sich her.
Darauf stehen mehrere Eimer mit Eis vom Fluss.
Sie halten vor dem Haus.

Beide schauen uns neugierig an.
Das ist Koljas Chance.
„Hallo, die Damen.
Können wir euch beim Tragen helfen?“
Die Mädchen sind zuerst misstrauisch.
Sie kennen uns ja nicht.
Aber die Eimer sind sehr schwer.
Und Kolja weiß genau,
wie er mit den Mädchen reden muss.
Ich finde die beiden Mädchen
total uninteressant und langweilig.

Kolja dagegen behandelt sie wie Prinzessinnen.
Er macht kleine Witze und schaut den Mädchen
lächelnd in die Augen.
Als wir keuchend im fünften Stock ankommen,
sind beide in ihn verliebt.

Ich hasse diesen Kolja!
Wie macht er das bloß mit den Frauen?
Ich bin neidisch auf ihn und schäme mich doch.
Gestern hat er mir das Leben gerettet.
Und jetzt bin ich böse auf ihn,
weil die Mädchen ihn mögen?

Kolja fragt die Mädchen nach dem alten Mann
und seinen Hühnern.
Die beiden kichern noch immer verlegen.

Dann sagt die eine:
„Der Alte hat ein Gewehr.
Der schießt euch tot,
wenn ihr seine Hühner klauen wollt."

Kolja macht eine lässige Handbewegung.
„Da macht euch mal keine Sorgen.
Ich habe schon gegen die Deutschen gekämpft."
Die Mädchen sind natürlich beeindruckt
von Koljas Lässigkeit.
Sie laden uns ein,
später bei ihnen vorbeizukommen.

„Wir kochen gleich Suppe.
Davon könnt ihr was haben, wenn ihr wollt."
Eigentlich sind sie nur an Kolja interessiert.
Aber ich bin nun mal auch da.
„Mal sehen", sagt Kolja lächelnd
und zwinkert den beiden noch einmal zu.
Dann verabschieden wir uns von den Mädchen
und steigen weiter die Treppe hoch.

Ein trauriger Moment

Oben angekommen, klettern wir auf das Dach.
Da ist tatsächlich eine Art Stall.
Kolja sagt: „Lass mich mit dem Alten reden, ja?"

Wir gehen vorsichtig auf die angelehnte Tür zu.
Kolja ruft laut:
„Hallo, bitte nicht schießen.
Wir wollen uns nur mit Ihnen unterhalten."
Keine Antwort.

Kolja macht mir ein Zeichen, vorsichtig zu sein.
Dann öffnet er langsam die Tür
mit seiner Fuß-Spitze.
Es passiert immer noch nichts.
Wir machen ein paar Schritte in den Stall hinein.
Was wir genau erwartet haben, weiß ich nicht.
Aber das hier ist ein furchtbarer Anblick:
Der alte Mann liegt erfroren
neben den Hühner-Käfigen.
Er hält immer noch sein Gewehr fest.
Die Käfige sind alle leer.
Nirgendwo ist auch nur ein einziges Huhn zu sehen.

In der anderen Ecke vom Stall
sitzt ein Junge in einem Fell-Mantel.
Sein Gesicht ist dünn und abgemagert.

Wenigstens hält der Mantel ihn warm.
Kolja spricht den Jungen an:
„Hallo, kleiner Soldat. Können wir dir helfen?"
Der Junge reagiert nur sehr langsam.

Mühsam sagt er ein paar Worte:
„Ich muss auf die Hühner aufpassen.
Großvater sagt, dass wir auf die Hühner
aufpassen müssen. Jeder will unsere Hühner."
Kolja und ich schauen uns an.

„Aber hier sind keine Hühner mehr.
Komm, du musst hier weg.
Da unten wohnen zwei Mädchen.
Die machen gerade Suppe.
Da kannst du was essen und dich aufwärmen."
Der Junge schüttelt schwach den Kopf.
„Ich hab keinen Hunger."
Er sieht aus, als ob er jeden Moment
sterben könnte.
Warum will er sich nicht helfen lassen?

Ich sehe plötzlich eine Bewegung
unter seinem Mantel.
„Was hast du da?", frage ich ihn.

Der Junge streicht über die Vorderseite
seines Mantels.

„Du hast ein Huhn gerettet, stimmt's?
Wie viele Eier legt so ein Huhn am Tag?"
Kolja ist ganz aufgeregt.

Er holt das Geld aus seiner Tasche
und sein letztes Stück Wurst.
„Hier, schau mal", sagt er zu dem Jungen.
„Wir geben dir das alles für dein letztes Huhn.
Mehr haben wir nicht."

Der Junge schaut Kolja mit müden Augen an.
Dann öffnet er seinen Mantel
und holt ein mageres braunes Huhn heraus.
Er hält es Kolja hin und sagt leise:
„Hier, könnt ihr haben.
Im Oktober hatten wir noch 16 Hühner.
Ich konnte nur dieses eine retten.
Du musst es warmhalten."

Kolja weiß nicht, was er tun soll.
Wir wollen das Huhn ja unbedingt haben.
Aber der Junge will es uns schenken.
Das fühlt sich nicht richtig an.

Kolja nimmt das Huhn
und steckt es vorsichtig unter seinen Mantel.
Ich versuche noch einmal,
mit dem Jungen zu reden.

„Komm doch mit nach unten.
Da bekommst du was zu essen.
Da ist es warm.
Du kannst doch nicht allein hier bleiben."

Aber ich spüre schon,
dass der Junge nicht mitkommen wird.
Er will hier bei seinem toten Großvater bleiben.

Wir lassen unser ganzes Geld
und das letzte Stück Wurst bei dem Jungen zurück.
Mehr können wir nicht für ihn tun.
Wir wissen nicht, ob er die Nacht überleben wird.
Aber wir haben einen Auftrag.
Wir müssen unser eigenes Leben retten.

Wir haben Hoffnung

Wir bringen das Huhn zu Sonja.
Es ist wirklich ein sehr kleines und schwaches Huhn.
„Ich glaube nicht, dass dieses Huhn bis Donnerstag
zwölf Eier legen kann“, sage ich zu Kolja.
Er ist natürlich anderer Meinung.

„Jetzt wart doch mal ab. Es muss sich eben erst
an die neue Umgebung gewöhnen.“
Aber das Huhn sitzt einfach nur da.
Wir haben ihm ein paar Körner
und Wasser hingestellt.
Das Huhn zittert und guckt uns dumm an.
Wir warten.

Kolja kann nicht lange still sein.
Er fängt wieder an, über Bücher zu reden.
Das tut er dauernd. Und dann redet er endlos.
Mitten in seiner Rede schaut er mich
plötzlich erstaunt an und sagt:
„Jetzt weiß ich, wer dein Vater war – Abraham
Benioff. Warum wolltest du mir das gestern nicht
sagen? Er hat doch tolle Gedichte geschrieben.“

Ich rede nicht gerne über meinen Vater.
Viele denken, dass er ein guter Dichter war.
Sie wissen nichts von unseren Ängsten und Sorgen.

Mein Vater hat immer geschrieben, was er wollte.
Er hat nicht darauf geachtet,
ob es der Regierung gefällt oder nicht.
Und deswegen wurde mein Vater
dann vom Geheimdienst abgeholt.
Meine Mutter und ich sind seitdem
auf uns allein gestellt.

Ich schweige also zu Koljas Frage.
Sonja schaut mich verlegen an.
„Lew, bitte entschuldige.
Aber ich kenne deinen Vater gar nicht.
War er denn ein guter Dichter?"
Kolja antwortet für mich:
„Er war großartig.
Ich kenne sogar ein Gedicht von ihm auswendig."

Jetzt mache ich doch den Mund auf.
„Mein Vater hat immer gesagt,
dass er nur so mittelgut ist.
Für ihn war Majakowski der größte Schriftsteller."
Ich sage das nur zu Sonja, weil ich sie nett finde.
Was Kolja denkt, interessiert mich nicht.

Da geht die Tür auf und Timofei kommt herein.
Er ist einer von den Ärzten,
die gestern hier übernachtet haben.
Er stellt sich an den Ofen und wärmt sich die Hände.

Dann sieht er unser Huhn.
„Wo habt ihr das denn her?“, fragt er uns verdutzt.
Wir erzählen ihm die Geschichte
von dem alten Mann und seinen Hühnern.

Timofei schaut sich das Huhn genauer an.
Dann holt er zwei große Zwiebeln aus seiner Tasche.
„Die habe ich heute im Krankenhaus bekommen.
Zusammen mit dem Tier können wir davon
eine gute Suppe machen.“
Kolja protestiert sofort:
„Das kommt gar nicht in Frage.
Wir brauchen die Eier von diesem Huhn.“
Timofei sieht uns alle der Reihe nach an.
Er fängt an zu lachen.
„Da könnt ihr aber lange warten. Auf eure Eier.“
Er hört gar nicht mehr mit dem Lachen auf.
Kolja wird langsam wütend.
„Was ist denn mit dem Huhn, verdammt noch mal?“
Timofei kann vor Lachen kaum reden.
„Das ist kein Huhn. Das ist ein Hahn.
Von dem werdet ihr wohl keine Eier bekommen.“

Das ist eine böse Überraschung für Kolja und mich.
Aber nach dem ersten Schreck freuen wir uns
auf ein gutes und warmes Abendessen.
Wenigstens das!

Die zweite Nacht bei Sonja

Nach dem Essen verschwinden
Kolja und Sonja wieder im Schlafzimmer.
Ich höre Sonja glücklich lachen.
Wie sie wohl nackt aussieht?
Erst schäme ich mich für diesen Gedanken.
Aber ich bin ein junger Mann.
Okay, ein sehr junger Mann.
Und Männer denken eben solche Sachen.
Das ist doch ganz normal, oder?

Timofei interessiert sich nicht
für die Geräusche aus dem Schlafzimmer.
Er ist mit seinen Spielfiguren beschäftigt.
Wir beide haben nach dem Abendessen
angefangen, Schach zu spielen.
Wir sind mitten in der zweiten Runde.
Die erste Runde habe ich gewonnen.
Timofei schüttelt den Kopf.
„Du bist noch so ein junger Kerl
und spielst so gut Schach."

„Früher war ich noch besser", sage ich stolz.
„Wann war das denn?
Du bist doch höchstens 14 Jahre alt", fragt Timofei.
„Ich bin schon 17", antworte ich empört.
„Wie auch immer." Timofei gähnt mit offenem Mund.

„Ich gebe auf. Hab sowieso
keine Chance gegen dich."
Er legt sich auf den Rücken.
Und ganz plötzlich ist er eingeschlafen.
Auch so einer, der überall sofort schlafen kann.
Ich seufze schwer.
Wieder bin ich der Einzige, der wach ist.

Am nächsten Morgen weckt mich Kolja
mit einer Tasse Tee.
Er wirft einen Blick auf das Schachbrett.
„Hattest du die schwarzen Figuren?", fragt er.
„Ja."
„Dann hatte Timofei wohl keine Chance.
Du bist wirklich gut!", sagt Kolja erstaunt.
„Hab ich doch gesagt", murmele ich.

Kolja setzt sich die Mütze auf
und reibt sich die Hände.
„Los, steh auf. Wir müssen nach Mga."
Ich ziehe lustlos meine Stiefel an.
„Was wollen wir denn in Mga?"

„Sonjas Onkel hat dort einen Bauernhof mit Hühnern.
Und wo Hühner sind, gibt es auch Eier."
„Aber Mga liegt hinter der Absperrung.
Die Deutschen lassen uns da doch nicht
einfach hinlaufen."

Ich kann nicht glauben, dass Kolja
diesen Vorschlag ernst meint.
Aber er hat sich offenbar schon Gedanken gemacht.
„Ja, klar können wir nicht auf den Straßen laufen.
Die sind ja alle gesperrt.
Aber wir können über die Felder gehen.
Oder durch den Wald.
Wir müssen eben vorsichtig sein.
Dann klappt das schon."

Seine Stimme hört sich an, als ob wir
einen kleinen Wochenend-Ausflug planen.
Wieso ist dieser Kerl immer so gut gelaunt
und unbekümmert?
Ich spüre wieder, wie Neid in mir aufsteigt.
Er liegt mit Sonja im Bett.
Er hat ständig gute Laune.
Er kann nachts schlafen.
Und was ist mit mir?

Leider habe ich keinen besseren Vorschlag
für die Eiersuche.
Wir machen uns also auf den Weg nach Mga.

Die Grausamkeit vom Krieg

Hinter dem Kontroll-Punkt liegt
das von den Deutschen besetzte Gebiet.
Wenn wir hier erwischt werden, sind wir tot.
Wir müssen jetzt sehr vorsichtig sein.
Der russische Soldat hat uns geraten,
im Wald zu bleiben.
Dort können wir uns schneller verstecken,
falls deutsche Soldaten auftauchen.

Die frische Luft hier draußen tut uns beiden gut.
Mein Kopf fühlt sich ganz leicht an.
Es ist kaum ein Geräusch zu hören.
Nur ein paar Vögel und das Knirschen
unserer Stiefel im Schnee.
Alles ist still und friedlich.
Der Krieg scheint weit weg zu sein.

Aber nicht lange.
Plötzlich hören wir das schmerzvolle Jaulen
von einem Hund.
Kolja überlegt keine Sekunde.
Er läuft sofort in die Richtung,
aus der das Jaulen kommt.
Ich natürlich hinterher.
Am Waldrand bleiben wir stehen.
Vor uns liegt ein großes Feld.

Der Schnee ist von Panzer-Ketten plattgedrückt.
„Pass auf“, sage ich zu Kolja.
„Das waren keine russischen Panzer.
Das sind die Spuren von deutschen Panzern.
Vielleicht sind die noch in der Nähe.“

Aber Kolja hört mir gar nicht zu.
Er ist nur an dem jaulenden Hund interessiert.
Wir laufen auf das Feld hinaus.
Da liegen noch mehr Hunde.
Alle sind tot. Erschossen.
Nur dieser eine Hund lebt noch.
Er ist auch angeschossen worden und blutet stark.
Kolja macht ein grimmiges Gesicht.
Er weiß, was hier passiert ist.
„Diese Hunde werden als lebende Minen benutzt.
Sie werden darauf trainiert,
ihr Futter unter einem Panzer zu suchen.
Dann bekommen sie länger nichts zu fressen.
Damit sie richtig hungrig sind.
Sie bekommen eine Mine auf den Rücken geschnallt.
Und wenn die deutschen Panzer kommen,
werden die Hunde losgelassen.
Sie rennen dann natürlich unter die Panzer,
um Futter zu suchen. Und dann – peng!“

Was für eine furchtbare Idee!
Und sie hat nicht mal funktioniert.

Die Deutschen haben alle Hunde sofort erschossen.
Offenbar kannten sie diesen russischen Trick
und waren vorbereitet.

„Gib mir dein Messer“, sagt Kolja zu mir.
Er geht langsam auf den jaulenden Hund zu.
„Ja, mein Guter, ganz ruhig. Gleich ist alles vorbei.“
Kolja kniet sich neben den Hund.
Dann schneidet er ihm mit einer schnellen
Bewegung die Kehle durch.
Der Hund zuckt noch einmal kurz, dann liegt er still.
Kolja macht das Messer sauber und gibt es mir.
Dann drängt er:
„Los jetzt, wir müssen weiter.
Wir haben viel Zeit verloren.“

Tja, Kolja hat sich verschätzt.
Er hat gedacht, dass wir schneller vorankommen.
Aber durch den tiefen Schnee im Wald
läuft man nicht so zackig wie auf der Straße.
Ich bin mir nicht sicher, ob wir Mga
noch vor der Dunkelheit erreichen.
Falls nicht, müssen wir für die Nacht
einen Platz zum Schlafen finden.
Hier draußen in der Kälte können wir nicht bleiben.

Überraschungen

Wir stapfen also weiter durch den Schnee.
Trotz der Panzer-Spuren sind
keine Deutschen zu sehen.
Kolja und ich sind die einzigen Menschen
hier weit und breit.
Plötzlich packt Kolja mich an der Schulter.
Er deutet auf die Straße neben den Bahngleisen.
Da steht ein Soldat mit dem Rücken zu uns.
An der Uniform erkennen wir, dass es ein Russe ist.
Wir schleichen vorsichtig näher,
um ihn nicht zu erschrecken.
Der Soldat rührt sich aber nicht.
Unbeweglich steht er da
mit seinem umgehängten Gewehr.

Kolja ruft laut: „Hej, Genosse!
Nicht schießen! Wir sind Russen."
Kolja und ich haben unsere Arme hoch erhoben.
Zum Zeichen, dass wir unbewaffnet sind.
Aber der Soldat reagiert nicht. Ist er taub?
Wieso steht er eigentlich bei dieser Kälte
so unbeweglich da?
Vorsichtig gehen wir um den Soldaten herum.
Und schauen in das Gesicht von einem Toten.
Unterhalb vom Auge ist
ein Einschuss-Loch zu sehen.

Wegen der Kälte ist er festgefroren
und nicht umgefallen.
Er steht wahrscheinlich schon seit Tagen hier.

Kolja sieht sich sofort das Gewehr an.
„Schade, ist kaputt", sagt er zu mir. „Aber hier ..."
Er öffnet den Mantel von dem Soldaten.
Eine Pistole steckt im Gürtel.
Kolja tastet den Toten gründlich ab
und findet einen Beutel mit Munition.
Er steckt alles in seine Manteltaschen.
Jetzt haben wir ein Messer und eine Pistole.
Es ist nicht viel, aber ich fühle mich gleich
ein bisschen sicherer.

Mittlerweile ist die Sonne untergegangen.
Es wird langsam dunkel.
Wir laufen so schnell wie möglich
an den Gleisen entlang.
Die Kälte ist jetzt ein größerer Feind für uns
als die Deutschen.
Und dann sehen wir es:
ein großes Bauernhaus am Rand von einem Feld.
Einige Fenster sind hell erleuchtet.
Ich sehe Kolja fragend an.
Er schüttelt den Kopf.
„Nein, lieber nicht.
Da sind bestimmt Deutsche drin."

„Ich kann aber nicht mehr weiter.
Ich schaffe es nicht mehr bis nach Mga."
Meine Stimme klingt jetzt weinerlich.

Kolja schaut zu dem Haus hinüber.
„Ehrlich gesagt hab ich
ein komisches Gefühl wegen Mga."
„Wieso?", will ich von ihm wissen.

„Ich glaube, wir sind nicht mehr
auf dem Weg nach Mga."
Ich starre Kolja ungläubig an.
„Was meinst du damit?
Wir sind nicht mehr auf dem Weg nach Mga?"

Kolja schaut immer noch zu dem Haus hinüber.
Mich sieht er nicht an.
„Mann, Lew! Ich glaube, wir haben uns verlaufen.
Keine Ahnung, wie das passiert ist."

Koljas Worte wirbeln durch meinen Kopf.
Verlaufen!
Meine Beine bewegen sich auf einmal
wie von selbst.
Ohne nachzudenken marschiere ich
auf das Bauernhaus zu.
Egal wer dort wohnt – ich muss dahin.
Ich brauche etwas zu essen und ein Bett.

Ich bin total erschöpft.
Und jetzt noch das: verlaufen!
Ich kann nicht mehr!

Nach ein paar Metern holt Kolja mich ein.
Er hat die Pistole in der Hand.
„Ich will lieber vorbereitet sein.
Wir wissen ja nicht, wer da im Haus ist."

Als wir dann vorsichtig durch ein Fenster schauen,
trauen wir unseren Augen nicht.
Der Anblick ist so unerwartet,
dass wir uns minutenlang nicht bewegen können.

Die Mädchen

Zwei junge Mädchen in Nachthemden
tanzen vor einem Kaminfeuer.
Die Musik dazu kommt von einem Plattenspieler.
Zwei weitere Mädchen sitzen auf dem Boden
und sehen den Tänzerinnen zu.
Alle vier Mädchen sehen sehr gesund aus.
Sie bekommen offenbar genug zu essen.
Durch das Fenster können wir sie reden hören.
Es sind junge Russinnen.

Ich sehe Kolja an.
So viele hübsche Mädchen.
Das müsste ihm doch gefallen.
Aber Kolja macht ein grimmiges Gesicht.
„Los, komm."
Seine Stimme klingt nicht besonders freundlich.

Mit der Pistole in der Hand klopft er an die Haustür.
Im Haus ist es plötzlich still geworden.
Dann schaut ein Mädchen durch das Fenster.
Sie starrt uns verblüfft an.
„Mach die Tür auf! Wir sind Russen."
Koljas Worte hören sich an wie ein Befehl.

Das Mädchen flüstert mit den anderen.
„Was wollt ihr hier?", fragt sie uns durch das Fenster.

Kolja klopft noch einmal ungeduldig an die Tür.
„Mach einfach die Tür auf, verdammt noch mal!“

Einen Augenblick lang ist es still.
Dann öffnet sich langsam die Haustür.
Wir marschieren sofort in das Zimmer
mit dem Kaminfeuer.
Was für eine herrliche Wärme!
Die Mädchen stehen verlegen in einer Reihe.
Sie sind alle ungefähr in meinem Alter.
Sie wissen nicht, was sie von uns halten sollen.
Vielleicht haben sie auch Angst vor Koljas Pistole.
Er hält sie immer noch in der Hand.
Warum ist er denn so schlecht gelaunt?
Wir sind in einem warmen Haus,
mit ein paar jungen Mädchen.
Bestimmt haben sie auch etwas zu essen für uns.

Kolja starrt die Mädchen weiter an.
Dann stellt er eine Frage, die ich nicht verstehe:
„Wann kommen sie?“
Die Mädchen sehen stumm auf den Boden.
Was hat Kolja denn bloß?
Wen meint er denn mit „sie“?
Da lädt Kolja die Pistole durch.
Die Mädchen zucken zusammen.
Kolja hält die Pistole mit der Öffnung nach unten
und wiederholt seine Frage:

„Ich will wissen, wann sie kommen."
Das kleinste von den Mädchen antwortet
mit zitternder Stimme:
„Meistens um Mitternacht.
Wenn die Bombardierungen beendet sind."

Kolja schnaubt verächtlich durch die Nase.
„Ach, das ist ja eine tolle Geschichte.
Erst bombardieren die Deutschen unsere Städte.
Und dann kommen sie her und ihr verbringt alle
einen netten Abend, ja?"

Langsam fange ich an zu verstehen.
Aber diese Mädchen sind doch nicht freiwillig hier!
Sie werden von den Deutschen gezwungen,
in diesem Haus zu leben.
Sie bekommen Essen und ein warmes Zimmer.
Dafür müssen sie abends nett
zu ihren deutschen Besuchern sein.
Sie müssen lächeln und singen und tanzen.
Vielleicht müssen sie sogar noch
viel mehr machen mit diesen Männern.
Wie schrecklich ist das denn!
Wie kann Kolja denn auf diese Mädchen böse sein?
Denkt er vielleicht, das macht ihnen Spaß?
Die können doch nichts für diesen Krieg.
Das Mädchen, das uns die Tür aufgemacht hat,
wird jetzt auch wütend.

„Sei bloß still, du!
Wo warst du toller Soldat denn,
als die Deutschen unser Dorf überfallen haben?
Als sie unsere Väter und Brüder ermordet haben?
Und jetzt willst du uns
mit deiner Pistole erschrecken?“

„Tu ich doch gar nicht“, sagt Kolja kleinlaut.
Das Mädchen schimpft weiter.
„Wir Menschen auf dem Land sind euch doch egal.
Die großartige Rote Armee kümmert sich doch nur
um die Städte. Hier beschützt uns niemand.
Wir müssen alleine mit den deutschen Schweinen
fertig werden.“

Kolja ist ganz still geworden.
Das kenne ich gar nicht von ihm.
Aber das Mädchen hat natürlich recht.
Wie schrecklich muss das Leben
für diese Mädchen hier sein!
Die Deutschen haben ihre Familien
umgebracht oder vertrieben.
Sie selbst sind hier gefangen
und können nicht fliehen.
Und jetzt kommt einer wie Kolja daher
und redet dummes Zeug.

Vorbereitungen

Die Mädchen beruhigen sich wieder.
Bald sitzen wir alle zusammen vor dem Kaminfeuer.
Kolja und ich bekommen heißen Tee
und etwas zu essen.
Eine richtige Kartoffel mit echter Butter und Salz!
Ich kaue ganz langsam.
Diesen köstlichen Leckerbissen möchte ich
so lange wie möglich genießen.
Für einen Moment vergesse ich den Krieg
und unseren Auftrag.

Kolja ist natürlich wieder schneller als ich.
Er fragt die Mädchen, ob sie auch Eier
von ihren Besuchern bekommen.

„Bis jetzt nur einmal. Warum willst du das wissen?"
Kolja lächelt geheimnisvoll.
„Weil wir auf der Suche nach Eiern sind."
Die Mädchen lachen.
Sie glauben, dass Kolja einen Witz macht.

Wir unterhalten uns eine ganze Weile.
Die Mädchen haben lange nicht
mit anderen Russen gesprochen.
Kolja will noch mehr über die Männer wissen,
die hierher kommen.

Die Mädchen haben auf einmal
ganz ängstliche Stimmen.
Was sie uns erzählen, lässt mich erschaudern.
„Die Männer sind nicht von der Wehrmacht.
Die sind von den Einsatz-Gruppen."

Die Einsatz-Gruppen – das sind die Schlimmsten!
Sie sind besonders grausam und brutal.
Ihre Aufgabe ist es, zu töten und zu foltern.
Eines der Mädchen erzählt uns mit leiser Stimme
eine furchtbare Geschichte von ihrem Anführer.
Das ist ein Mann mit dem Namen Abendroth.

„Wir waren hier am Anfang fünf Mädchen.
Eine war ganz jung, gerade mal 14 Jahre.
Aber die Männer mochten sie besonders gerne.
Sie hat versucht, wegzulaufen.
Die Männer haben sie gefunden und zurückgebracht.
Und dann hat dieser Abendroth ihr
mit einer Säge die Füße abgesägt.
Wir mussten alle dabei zusehen.
Er wollte uns zeigen, was passiert,
wenn wir an Flucht denken.
Es war so schrecklich!"

Mir wird schlecht.
Wenn diese Männer uns hier finden,
sind wir auf jeden Fall tot.

Kolja dagegen macht schon Pläne.
Wenn die Männer kommen, sollen die Mädchen mit einem Löffel auf einen Topf schlagen.
Ein Schlag für jeden Mann.
Damit wir wissen, wie viele Männer da sind.

Kolja und ich verstecken uns in einem kleinen Zimmer im hinteren Teil vom Haus.
Ich versuche, Kolja umzustimmen.
„Lass uns doch mit den Mädchen abhauen.
Wir haben genug Essen und Wolldecken.
Wir gehen zurück nach Leningrad.
Da sind die Mädchen auch sicherer als hier."

Aber Kolja lässt sich nicht überreden.
„Lew, ich weiß, dass du Angst hast.
Aber denk doch mal an diese Riesen-Chance.
Wir können diesen deutschen Schweinen richtig die Hölle heiß machen.
Die Mädchen können dann alleine zurück in die Stadt gehen.
Ich gebe ihnen Sonjas Adresse.
Wir haben schließlich noch unseren Auftrag zu erledigen."

Ich laufe unruhig im Zimmer hin und her.
„Hast du eigentlich schon mal jemanden erschossen?", frage ich Kolja nervös.

„Weiß ich nicht genau.
Ich habe schon öfter geschossen.
Keine Ahnung, ob ich dabei auch jemanden getroffen habe.“

Dann zieht er ein paar Spielkarten aus der Tasche.
„Hier, schau dir die mal an.“
Es sind die Karten mit den nackten Frauen drauf.
Die wollte Kolja mir doch erst geben,
wenn ich unser Schach-Spiel gewonnen habe.
„Ich glaube, du brauchst jetzt
ein bisschen Ablenkung“, grinst er mich an.

Die Frauen auf den Karten haben nur
ein bisschen Unterwäsche an.
Manche sind auch ganz nackt.
Ich schaue sie mir genau an
und halte dann eine hoch.
„Die hier gefällt mir am besten.“

In dem Moment hören wir das verabredete Zeichen.
Insgesamt sechs Schläge.
Also sind sechs Männer angekommen.

Der Überfall

Mein Herz schlägt wie verrückt.
Was machen wir denn jetzt?
Kolja hat sich alles gut überlegt.
„Hör zu, Lew. Wir lassen die Männer
erst mal reinkommen.
Die sollen sich entspannen und was trinken.
Wenn sie später betrunken sind, gehen wir rein.
Mit uns rechnen die doch überhaupt nicht."

„Ja schon, aber wir sind nur zu zweit.
Wir haben nur ein Messer und eine Pistole.
Die sind sechs. Und sie sind ausgebildete Soldaten."
Ich kann vor Angst kaum atmen.

Wir hören die Autotüren knallen.
Dann knirschende Schritte im Schnee.
Und dann ein unerwartetes Geräusch:
einen Gewehr-Schuss!
Kolja und ich sehen uns erstaunt an.
Die Schüsse kommen jetzt in kurzer Folge.
Wir können die Deutschen schreien hören.
Sie sind in Panik.
Wieder sind die Autotüren zu hören.
Die Motoren heulen auf.
Versuchen die Deutschen zu fliehen?
Aber vor wem?

Kolja reißt die Zimmertür auf.
Er stürmt in das Kaminzimmer.
Ich natürlich hinterher.
Die Mädchen liegen zitternd auf dem Boden.
„Wer schießt da draußen?“, will Kolja wissen.

„Keine Ahnung“, murmelt eines der Mädchen.
Kolja und ich kriechen vorsichtig zur Haustür.
Die Schießerei draußen hat jetzt aufgehört.
Alles ist still.
Nur die Auto-Motoren laufen noch.
Kolja macht ganz langsam die Haustür auf
und schaut hinaus.
Die Deutschen liegen alle
erschossen im Schnee oder in ihren Autos.
Wo sind die Angreifer?
Wahrscheinlich verstecken sie sich am Waldrand.
Wir können aber nichts sehen.

Plötzlich pfeift eine Gewehr-Kugel
zwischen uns hindurch.
Kolja und ich werfen uns auf den Boden
und treten schnell die Tür zu.
„Hej, ihr da draußen! Wir sind auch Russen!“,
ruft Kolja durch das zerschossene Fenster.

„Das kann ja jeder sagen“, antwortet eine
Männerstimme aus einiger Entfernung.

„Na, dann hör mal gut zu!"
Kolja erzählt mit lauter Stimme
einen schmutzigen Witz.
„Glaubst du, dass ein Deutscher so gut
Russisch sprechen kann?"

Eine Weile ist alles still.
Dann hören wir die Männerstimme wieder.
„Also gut, ihr beiden. Kommt langsam raus.
Und immer schön die Arme oben lassen."

Kolja und ich machen ein paar Schritte vor die Tür.
Zitternd stehen wir in der Kälte.
Eine Gruppe Partisanen kommt langsam
aus ihrem Versteck am Waldrand.
Es sind zwölf Männer mit Gewehren,
die da auf uns zukommen.
Zuerst durchsuchen sie die toten Deutschen.
Alle Waffen werden eingesammelt.
Der Anführer der Gruppe sieht Kolja
und mich misstrauisch an.
„Was macht ihr zwei hier?
Du da im Armee-Mantel – bist du ein Deserteur?"

„Nein, bin ich nicht. Wir haben Papiere
von Oberst Gretschko vom Geheimdienst.
Ich kann sie dir zeigen",
erklärt Kolja mit ruhiger Stimme.

„Oho, Papiere von Oberst Gretschko!
Hat dieser Oberst hier was zu sagen?“
Der Anführer macht ein verächtliches Gesicht.

„Und was guckst du so blöd?“,
fährt er mich auf einmal an.
Ich starre schon eine Weile einen
von den Männern an.
Dieser Mann ist sehr jung und klein.
Sein Gesicht ist ganz glatt und der Mund …

„Du bist ja ein Mädchen!“, ruft Kolja erstaunt.
„Na und, was dagegen?“, fragt die kleine Gestalt.
„Vika ist unsere beste Schützin“,
sagt der Anführer stolz.
„Ich habe Hunger. Lass uns endlich reingehen.“
Das Mädchen klingt ungeduldig.

Vika

Wenige Minuten später sitzen wir
alle im Kaminzimmer.
Der Anführer der Partisanen heißt Korsakow.
Er sagt mit lauter Stimme:
„Ihr habt eine Stunde Zeit.
Dann müssen wir wieder los."
Dann verschwindet er mit Kolja
im hinteren Zimmer.

Korsakow will sich unsere Papiere ansehen.
Die anderen Partisanen machen es sich
rund um das Feuer gemütlich.
Die russischen Mädchen bringen ihnen
etwas zu essen und zu trinken.
Für sie sind bewaffnete Männer nichts Besonderes.
Jetzt sind es eben ihre eigenen Landsleute,
die sie bedienen müssen.

Ich sitze auf dem Fensterbrett und beobachte Vika.
Sie hat sich auf ein Sofa gelegt.
Sie unterhält sich mit niemandem.
Ich stelle mir vor, wie sie wohl nackt aussieht.
Obwohl sie so klein und dünn ist,
kommt sie mir wie die schönste Frau der Welt vor.
Ich möchte sie küssen und ihre Haut streicheln.
Komisch, was ist denn plötzlich mit mir los?

Wie komme ich denn auf solche Gedanken?
Sind die Karten mit den nackten Frauen
daran schuld?

Ich nehme meinen ganzen Mut zusammen
und gehe zum Sofa hinüber.
Vika beachtet mich erst gar nicht.
Erst als ich ihr von meinem Messer erzähle,
sieht sie mich an.
„Wo hast du das her?“, will sie wissen.
„Von einem toten Deutschen.“
„Hast du ihn selber umgebracht?“
Sie lächelt spöttisch bei dieser Frage.
Ich überlege ganz kurz, ob ich sie anlügen soll.
„Nein, er ist erfroren.
Ich habe ihn auf der Straße gefunden.“

Vika gähnt und schaut wieder die Wand an.
Was kann ich ihr noch erzählen?
Irgendetwas Interessantes, damit sie mich wieder
mit ihren blauen Augen ansieht.
„Ihr sucht doch diesen Abendroth, oder?“, frage ich.
„Das habe ich vorhin gehört.
Ich weiß, wo der sich aufhält.
Er ist hier ganz in der Nähe.“
Sie schaut mich tatsächlich wieder an.
Meine Worte haben sie neugierig gemacht.
„Woher weißt du das?“

Ich würde ihr jetzt gerne
eine aufregende Geschichte erzählen.
Um sie zu beeindrucken.
Aber dann gebe ich zu,
dass uns das die Mädchen im Haus erzählt haben.
Während wir auf die Deutschen gewartet haben.
Vika steht sofort auf.
Sie geht zu einem der Mädchen,
das gerade Holz im Kamin nachlegt.
Die beiden unterhalten sich miteinander.

So ein Mist!
Warum habe ich das denn gleich ausgeplaudert?
Ich hätte ihr das ja auch irgendwie anders
erzählen können.
Dann wäre Vika noch länger
in meiner Nähe geblieben.
Jetzt ist sie weg und wird sich nicht mehr
mit mir unterhalten.

Korsakow und Kolja sind inzwischen
auch wieder aufgetaucht.
Die beiden sind jetzt allerbeste Freunde
und trinken Wodka zusammen.
Ich bin schon wieder ein bisschen neidisch.
Dieser Kolja schafft es jedes Mal,
die Leute zu bequatschen.
Niemand kann ihm lange böse sein.

Kolja setzt sich zu mir aufs Sofa.
„Bist du bereit? Wir werden gleich losmarschieren."
Ich bin entsetzt.
„Aber ich dachte, wir bleiben die Nacht über hier.
Und ruhen uns aus."

Kolja seufzt über meine Dummheit.
„Lew, die Deutschen werden bald merken,
dass einige ihrer Leute fehlen.
Sie werden hier auftauchen und sie suchen.
Wir gehen mit den Partisanen mit.
Die kennen sich hier aus und haben genug Waffen.
Wir haben noch einen Auftrag zu erledigen.
Schon vergessen?"

Nein, natürlich nicht!
Diese dumme Eier-Geschichte hängt mir
wirklich langsam zum Hals raus.

Bei den Partisanen

Nach einigen Vorbereitungen
sind wir bereit zum Abmarsch.
Die Partisanen haben einen Teil
von den vorhandenen Lebensmitteln eingepackt.
Den Rest können die Mädchen für sich behalten.
Auch zwei Waffen von den toten Soldaten
lässt Korsakow ihnen da.
Die Mädchen wollen versuchen,
in irgendein Dorf in der Nähe zu flüchten.
Kolja und ich verabschieden uns von ihnen
mit Küsschen auf die Wangen.
Wir haben diese Mädchen danach
nie wieder gesehen.
Ich hoffe, sie haben den Krieg überlebt.

Dann marschieren wir mit den Partisanen los.
Korsakow hat befohlen,
dass wir hintereinander gehen sollen.
Mit neun Schritten Abstand.
Na ja, er hat sicher seine Gründe für diesen Befehl.
Mir ist eigentlich alles egal.
Ich bin so müde, dass ich kaum noch denken kann.
Ich laufe wie ein Roboter hinter Kolja her.
Meine Augen klappen immer wieder zu.
Irgendwann läuft Kolja neben mir und stützt mich.
Damit ich nicht vor lauter Müdigkeit umfalle.

„Wenn Korsakow das sieht“, murmele ich leise.
„Ist mir egal“, antwortet Kolja ebenso leise.
„Der hat uns gar nichts zu sagen.
Im Moment brauchen wir ihn für unseren Schutz.
Aber wenn wir diesen Abendroth erledigt haben
und die Eier haben, kann er mich mal!“

Typisch Kolja!
Er ist immer so selbstbewusst!
Ich kann wirklich froh sein, dass er mein Freund ist.
Diesmal ärgert mich auch sein Gerede nicht.
Es hält mich wach und auf den Beinen.

Gestört werden wir nur von Vika.
Die zischt uns plötzlich von hinten zu:
„Seid ihr verrückt geworden? Haltet eure Klappe!
Hier sind überall Deutsche unterwegs.
Wir wollen doch nicht wegen
eurem dummen Gequatsche entdeckt werden!“
Sie gibt jedem von uns einen Schubs in den Rücken.
Also laufen wir wieder hintereinander und sind still.

Die Nacht ist jetzt so schwarz,
dass ich manchmal nichts mehr sehen kann.
Deshalb krache ich mit voller Wucht
in Koljas Rücken, als der plötzlich stehen bleibt.
Auch die anderen haben angehalten.
Vika ist auf einen großen Felsen geklettert.

„Die Deutschen kommen!“

Als wir bei der Hütte ankommen,
wird der Himmel schon wieder hell.
Es ist immer noch furchtbar kalt.
Schnell wird ein kleines Feuer gemacht.
Wir sitzen alle dicht gedrängt um das Feuer.
Meine Gedanken beschäftigen sich wieder mit Vika.
Sie sieht gerade kaum wie ein Mädchen aus.
Eher wie ein schmutziger kleiner Straßen-Junge.
Trotzdem denke ich an ihren nackten Körper.

Später liegt die ganze Gruppe eng beieinander.
So können wir uns gegenseitig
wenigstens ein bisschen wärmen.
Nur ein Mann hält Wache.
Kolja liegt neben mir.
Anstatt zu schlafen, fängt er wieder
mit seinen Frauen-Geschichten an.
Er hat gemerkt, dass ich mich für Vika interessiere.
Diesmal ist meine Müdigkeit aber stärker.
Ich schlafe ein.

Gegen Mittag weckt uns der Wach-Posten
mit den furchtbaren Worten: „Sie kommen!“
Mehr braucht er gar nicht zu sagen.
Wir springen alle auf und stürzen aus der Hütte.
Korsakow hat jetzt nur einen Befehl für uns: „Lauft!“

Das grelle Sonnenlicht draußen blendet mich.
Die Deutschen sind schon so nahe,
dass wir ihre Stimmen hören können.
Die ersten Schüsse fallen.
Neben mir schreit ein Partisan laut auf.
Er ist getroffen und stürzt in den Schnee.
Ich weiß, dass er nicht mehr aufstehen wird.

Da renne ich einfach los.
Nur weg von hier!
Ich renne so schnell ich kann.
Ein Wildbach kreuzt meinen Weg.
Ich laufe mit großen Schritten am Bach entlang.
Hier komme ich besser voran als im tiefen Schnee.
Aber irgendwann bekomme ich keine Luft mehr.
Meine Rettung ist ein großer Nadelbaum.
Seine schneebedeckten Äste hängen tief
auf den Boden.
Ich verstecke mich hinter seinem Stamm.

Nach einer Weile kann ich wieder normal atmen.
Ich schaue vorsichtig durch die Zweige.
Drei Männer mit Gewehren kommen auf mich zu.
Sie tragen keine deutschen Uniformen.
Ich erkenne Markow, einen der Partisanen.
Und Kolja.
Die dritte Person ist Vika.
Ich könnte vor Freude laut schreien.

Aber aus mir kommt kein Ton heraus.
Die Todes-Angst von eben hat mir
die Sprache verschlagen.

Kolja hat seine Mütze verloren,
aber er grinst zufrieden vor sich hin.
Vika schaut sich ständig
nach den deutschen Verfolgern um.
Ein kleines Geräusch kommt aus meiner Richtung.
Vika hebt sofort ihr Gewehr.
Ich bin immer noch stumm wie ein Fisch.
Aber Vika scheint auch gute Augen zu haben.

„Das ist ja dein kleiner Freund“, sagt sie zu Kolja.
Er rennt sofort auf mich zu
und schüttelt mich wild.
„Mensch, Lew. Alles in Ordnung mit dir?“
Ich nicke, ohne etwas zu sagen.

Die beiden anderen sind jetzt auch
in mein Versteck gekommen.
Bevor wir irgendwelche Pläne machen können,
tauchen die ersten Deutschen auf.

Vika hat eine Idee

Sie bewegen sich vorsichtig durch den Schnee.
Es werden immer mehr.
„Das scheint ja eine ganze Kompanie zu sein",
sagt Markow.
Zwischen den deutschen Soldaten laufen
ungefähr hundert russische Gefangene.
Ein paar Soldaten der Roten Armee sind darunter.
Die anderen sind Jungen und Männer
aus den Dörfern rundum.
Einige haben nicht einmal einen Mantel
oder richtige Stiefel an.
Die Deutschen bewachen die Gruppe
mit Maschinen-Pistolen im Arm.
Sie treiben die Gefangenen
wie eine Herde Vieh vor sich her.

Markow und Vika streiten leise darüber,
was wir tun sollen.
Markow will am liebsten angreifen.
Das ist natürlich Blödsinn.
Wir hätten überhaupt keine Chance
gegen diese gut bewaffneten Deutschen.

Vikas Plan ist fast genauso verrückt.
„Wir lenken die Soldaten ab und mischen uns
unter die Gefangenen.

Das merken die Deutschen doch gar nicht.
Und dann warten wir auf den richtigen Zeitpunkt
und schnappen uns diesen Abendroth."

Kolja und ich sehen uns erstaunt an.
Woher weiß Vika, dass diese Gruppe uns
zu Abendroth führen wird?
Kolja fragt nach: „Gehören diese Männer auch
zu den Einsatz-Gruppen? Und Abendroth?
Gehört er auch zu diesen Männern hier?"

Vika nickt kurz.
„Seine Gruppe gehört zu dieser Abteilung hier.
Es wäre eine große Chance für uns."
Kolja überlegt nicht lange.
„Gute Idee. Das könnte klappen,
wenn wir vorsichtig sind und nicht auffallen."

Markow fragt Vika mürrisch:
„Und mit was sollen wir sie ablenken, hä?"

„Du hast doch Hand-Granaten dabei, oder?
Wir verstecken unsere Gewehre hier, für später.
Eine Pistole hast du doch noch."
Ich höre die ganze Zeit zu, ohne etwas zu sagen.
Wenn es nach mir ginge,
würden wir uns hier verstecken.
Und warten, bis die Deutschen weg sind.

Aber mich fragt ja keiner.
Für die anderen bin ich nur ein kleiner Junge.

Markow hat inzwischen eine Hand-Granate
aus seiner Tasche geholt.
Wir warten auf den richtigen Moment.
Die ersten Gefangenen kommen an uns vorbei.
Markow wirft die Hand-Granate
auf die andere Seite von der Gruppe.
Sie fällt auf den Boden und explodiert
ein paar Sekunden später.
Die Deutschen schreien
und rennen auf die andere Seite vom Wald.
Wir schleichen uns vorsichtig an die Gefangenen
heran und mischen uns zwischen sie.
Keiner von den Männern reagiert
auf unsere plötzliche Anwesenheit.
Sie sind alle viel zu erschöpft,
um sich darüber Gedanken zu machen.

Die Deutschen beruhigen sich schnell.
Wir wollen gerade weitermarschieren,
als einer der Gefangenen laut schreit:
„Halt! Der da ist ein Partisan!“
Er deutet mit dem Finger auf Markow.
„Der hat mir vor ein paar Wochen
meine Kartoffeln gestohlen.
Der hat auch viele Deutsche umgebracht!“

Markow steht mit wütendem Gesicht
vor dem Mann.
„Halt deine dumme Klappe!"

Aber der Mann ist nicht zu beruhigen.
Ein Offizier und drei junge Soldaten
kommen auf uns zu.
Der Offizier spricht Russisch.
„Was ist hier los?", brüllt er den Gefangenen an.
Der wiederholt seine Worte mit zitternder Stimme.
„Der da ist ein Partisan!"

Markow zieht seine Pistole aus der Tasche
und zielt auf den Mann.
Aber die Deutschen sind schneller.
Wenige Augenblicke später liegt Markow
erschossen im Schnee.
Alle sehen erschrocken zu Boden.
Keiner will jetzt die Aufmerksamkeit
von dem Offizier auf sich ziehen.
Endlich marschiert die Gruppe weiter.

Kleines Glück

Am späten Abend erreichen wir
eine alte, verlassene Schule.
Die Deutschen benutzen das Gebäude
als Unterkunft und als Kommando-Zentrale.
Wir werden mit den anderen Gefangenen
in einen Schuppen gesperrt.
Es ist so eng, dass keiner sich hinlegen kann.
Alle hocken mit angezogenen Beinen
an den Wänden entlang.
Ich sitze zwischen Kolja und Vika.
Wir unterhalten uns leise.
Die anderen Gefangenen sollen uns nicht hören.
Kolja schläft irgendwann ein.
Wie immer von einer Sekunde auf die andere.
Ich genieße die ganze Zeit das Gefühl,
Vika so dicht neben mir zu spüren.
Sie ist jetzt auch nicht mehr
so unfreundlich zu mir wie gestern.
Sie hat sogar schon einmal gelacht,
als ich einen Witz gemacht habe.
Vielleicht ist sie froh, dass Kolja und ich bei ihr sind.
Wie sollte sie sonst auch überleben?
Sie ist jetzt ganz allein, ohne ihre Gruppe.

In meine Gedanken hinein stößt sie mich
mit ihrem Ellenbogen an.

„Mach den Mund auf!“, flüstert sie leise.
„Was?“
„Pst! Mach den Mund auf!“

Sie schiebt ein Stück Brot zwischen meine Lippen.
Echtes Brot!
Eine ganze Scheibe davon steckt sie mir
nach und nach in den Mund.
Ich kann mein Glück kaum fassen.
Wo hat sie das bloß her?
Wahrscheinlich war das Brot
noch von den Mädchen aus dem Haus am Feld.
Und Vika hat es aufbewahrt für später.

Leider gibt es nur diese eine Scheibe Brot.
„Die andere Scheibe ist für morgen, zum Teilen“,
sagt sie beim letzten Bissen.
„Dein Freund hat sicher auch Hunger.“

Kurz danach ist sie ebenfalls eingeschlafen.
Ihr Kopf liegt an meiner Schulter.
Ich sitze ganz still,
um ihren Schlaf nicht zu stören.

Die Wette

Am nächsten Morgen werden wir
von brüllenden Soldaten geweckt.
Meinen die Deutschen, dass wir alle taub sind?
Oder wollen sie uns mit ihrem Gebrüll
bloß Angst einjagen?
Sie scheuchen uns ungeduldig aus dem Schuppen.
Wir müssen uns alle hintereinander aufstellen.
Jeder bekommt einen kleinen harten Zwieback
in die Hand gedrückt.
Unser Frühstück, vermute ich.
Dann geht das Marschieren wieder los.
Diesmal auf der Straße.
Das macht wenigstens das Gehen leichter.

Nach wenigen Kilometern tauchen hinter uns
deutsche Militär-Fahrzeuge auf.
Eine endlose Reihe von Panzern und Lastwagen.
Unsere Bewacher winken uns an den Straßenrand,
um Platz zu machen.
Wir bleiben stehen und warten.
Vika nutzt die Gelegenheit,
um das letzte Brot an Kolja und mich zu verteilen.

Plötzlich stockt die Militär-Kolonne.
Einer der Panzer hat ein Problem.
Er blockiert den Weg für alle anderen Fahrzeuge.

„Um was hast du gewettet?“
„Wenn er verliert, muss er zwei Dinge tun.
Erstens muss er uns freilassen.“

„Spinnst du? Der lässt uns doch niemals frei!“
Kolja seufzt.
„Das weiß ich doch.
Aber dieses Spiel wird ja nicht draußen stattfinden.
Sondern irgendwo in einem Zimmer.
So kommen wir dicht an Abendroth heran.
Und das ist die Gelegenheit, ihn zu töten.“

Unsere Bewacher brüllen in diesem Moment,
dass es weitergeht.
Der junge Soldat, der nach hinten gelaufen ist,
kommt auch zurück.
Er ruft Kolja etwas zu.
„Heute Abend“, sagt Kolja zufrieden.
„Heute Abend bekommen wir unsere Chance.“

„Was hast du eigentlich noch
von Abendroth verlangt?“
„Na, was wohl“, grinst Kolja.
„Zwölf Hühner-Eier natürlich.“

Abendroth

An diesem Abend werden wir
in einen alten Schaf-Stall gesperrt.
Seit heute Morgen haben wir nichts mehr
zu essen bekommen.
Die anderen Gefangenen sind erschöpft.
Es wird kaum etwas geredet.
Schon bald schlafen die meisten
dicht aneinandergedrängt auf dem Boden ein.

Nur Kolja, Vika und ich sind wach.
Vika findet, dass wir die Pistolen
hier verstecken sollten.
„Abendroth wird von vielen Partisanen gesucht.
Und er weiß das", meint sie.
„Wir werden bestimmt durchsucht,
bevor wir ihn treffen."

Kolja zögert erst noch.
„Wie sollen wir ihn denn dann umbringen?
Sollen wir ihn erwürgen?"

Vika kümmert sich nicht um Koljas Gerede.
Sie hat mit ihrem Messer schon ein Loch
in den Boden gegraben.
Sie legt erst ihre und dann auch
Koljas Pistole hinein.

Jetzt haben wir nur noch unsere beiden Messer.
Vika bindet ihr kleines Messer
an ihrem Oberkörper fest.
Mein Messer schiebt sie so tief wie möglich
in meinen Stiefel hinein.
Beim Gehen drückt die Spitze ein bisschen.
Dann zeigt sie mir, wie man einem Menschen
die Kehle durchschneidet.
Genau wie Oberst Gretschko es mir gezeigt hatte.
Von einem Ohr zum anderen.
Dann warten wir.

Ein paar Stunden später werden wir abgeholt.
Die deutschen Offiziere haben ihre Unterkunft
in einem größeren Gebäude.
Wir werden in ein Zimmer im ersten Stock geführt.
Es ist warm und trocken.
Abendroth sitzt an einem langen Tisch.
Er ist ein großer, schwerer Mann.
Ich habe ihn mir anders vorgestellt.
Eher schlank und sportlich.
Eine fast leere Schnapsflasche steht vor ihm.
Das Schachbrett mit den Spielfiguren
ist auch schon aufgebaut.

„Einer von euch spricht Deutsch. Wer?“
„Ich“, sagt Kolja.
„Meine Großmutter kommt aus Österreich.“

Abendroth nickt und trinkt sein Glas aus.
Er schenkt sich sofort ein neues ein.
Er mustert uns nachdenklich
und sagt dann langsam:
„Ihr seid also die drei jungen Russen,
die mich treffen wollen.
Nein, falsch: zwei Russen und eine Russin.
Ich bin ja nicht dumm.
Nimm mal deine Mütze ab, Mädchen."

Abendroth winkt mit seiner Hand in Vikas Richtung.
Wir erstarren alle drei.
Vika nimmt langsam ihre Mütze ab.
Abendroth nickt zufrieden.
„Du wirst mal eine hübsche Frau.
Wenn du dir später mal die Haare wachsen lässt."

Die letzten Sätze sagt er auf Russisch.
Seine Aussprache ist gut.
Dieser Mann ist wirklich gebildet!
Ist das gut oder schlecht für uns?
Ich weiß es nicht.
Er wirkt angetrunken.
Aber das täuscht vielleicht auch.
Mein Vater hat früher oft bei uns zu Hause
mit Freunden gefeiert.
Ich war damals immer wieder überrascht,
wie viel Alkohol manche Menschen vertragen.

Abendroth redet schon weiter.
„Was ich nicht verstehe,
ist diese Sache mit den Eiern. Erklär es mir.“

Kolja macht ein dümmliches Gesicht.
Er ist wirklich ein großartiger Schauspieler.
„Also, das ist so ein verrückter Traum von mir.
Ich habe seit Monaten keine Eier mehr gegessen.
Und ständig träume ich von gebratenen Eiern.
Ich habe gehört, dass Sie jemanden
zum Schach-Spielen suchen.
Ich dachte, so können wir vielleicht Eier kriegen.“

Abendroth nickt wieder mit dem Kopf.
„Und dein Freund hier ist ein guter Schach-Spieler,
sagst du.“
„Ja“, sagt Kolja.
„Er ist der beste Spieler von ganz Leningrad.
Und wenn er gewinnt, dann lassen Sie uns frei
und geben uns die Eier.“

Abendroth hat sich den Rest Schnaps eingeschenkt.
Er gibt den Soldaten einen kurzen Befehl.
Der jüngere kommt auf mich zu.
Er fängt an, mich abzutasten.
Ich versuche so ruhig wie möglich zu atmen.
Aber je näher er meinem Stiefel kommt,
desto größer wird meine Angst.

Der Soldat hat wohl noch nicht viel Erfahrung.
Er findet mein Messer jedenfalls nicht.
Als Vika an der Reihe ist,
geht die Durchsuchung ganz schnell.
Ihr Blick hat ihn bestimmt unsicher gemacht.
Sie kann wirklich sehr böse gucken.
Der Soldat schüttelt seinen Kopf,
als er mit der Durchsuchung fertig ist.
Dann stellt er sich wieder zu seinem Kameraden.

„Also gut“, sagt Abendroth zu uns.
„Ich biete euch Folgendes an:
Wenn euer Freund gewinnt, ist das Mädchen frei.
Euch beide kann ich natürlich nicht gehen lassen.
Wir sind schließlich Feinde.“

Kolja sagt schnell: „Wenn mein Freund gewinnt,
lassen Sie das Mädchen frei.
Und wir bekommen zum Abendessen die Eier.“

Abendroth starrt Kolja an.
So etwas Freches hat er bestimmt
schon lange nicht mehr erlebt.
Ein paar Sekunden lang ist es sehr still im Zimmer.
Dann gibt Abendroth dem jungen Soldaten
wieder einen Befehl.
Der junge Mann verlässt das Zimmer.

Das Spiel

Abendroth wird jetzt ungeduldig.
Er will endlich mit dem Spiel anfangen.
Ich muss mich zu ihm an den Tisch setzen.
Kolja und Vika sitzen am anderen Ende
und sehen zu.

In den ersten Minuten passiert nichts Aufregendes
auf dem Spielbrett.
Wir ziehen abwechselnd mit unseren Figuren.
Abendroth bemerkt schnell,
dass ich nicht schlecht bin.

„Du brauchst keine Angst zu haben.
Egal, ob du gewinnst oder verlierst.
Ich glaube, ich behalte dich bei mir
als Spielpartner. Dann kann ich jeden Abend
eine gute Partie Schach spielen.
Das ist ein gutes Training für das Gehirn."
Er lächelt mich kalt an.
Ich sage nichts und sehe nur auf das Spielbrett.

Der junge Soldat kommt
mit einer Schachtel zurück.
Sie ist mit Stroh ausgepolstert.
Kolja grinst, als er die Schachtel sieht.
Das sind unsere Eier.

Das Spiel geht weiter.
Ich konzentriere mich auf die Figuren.
Heimlich sehe ich mir Abendroth an.
Wie soll ich diesen kräftigen Mann umbringen?
Warum eigentlich ich?
Kolja kennt mich doch mittlerweile gut genug.
Er weiß, dass ich so etwas nicht schaffe.
Abendroth ist unser Feind.
Er muss sterben.
Das weiß ich.
Aber warum muss ich das tun?

Dann macht Abendroth
einen schweren Fehler beim Schach.
Er merkt es nicht einmal.
Ich lasse ihn weitere Fehler machen.
Aber ich weiß schon jetzt, dass er verloren hat.
Ich drehe mich kurz zu Vika um und lächele stolz.
Wie ein kleiner dummer Junge!
Ich sehe, dass sie und Kolja bereit zum Angriff sind.
Ich beuge mich nach vorne,
als ob ich mich am Bein kratzen will.
In dem Moment begreift Abendroth,
dass er das Schach-Spiel verloren hat.
Er schaut mich an und lächelt.

„Das war ein großartiges Spiel.
Das nächste Mal trinke ich vorher nicht so viel.“

Etwas an meinem Gesichts-Ausdruck
lässt ihn aufmerksam werden.
Er sieht meine Hand, die das Messer
aus dem Stiefel zieht.

Im gleichen Augenblick stößt er mich vom Stuhl.
Er hält meine Hand mit dem Messer fest.
Gleichzeitig versucht er, seine Pistole zu ziehen.
Hinter uns ist lautes Poltern und Schreien zu hören.
Kolja und Vika kämpfen mit den beiden Soldaten.
Abendroth und ich stürzen.
Wir kämpfen auf dem Boden miteinander.
Abendroth hat jetzt seine Pistole in der Hand.
Ich habe solche Angst,
dass Vika etwas passieren könnte.
Ich greife nach der Pistole und versuche,
sie Abendroth wegzunehmen.

Ein Schuss geht los.
Aber er verfehlt sein Ziel.
Abendroth schlägt mich jetzt ins Gesicht,
damit ich die Pistole loslasse.
Mir wird kurz schwarz vor Augen.
Dann setze ich mich mit einem Ruck auf
und stoße das Messer in seine Brust.
Abendroth sieht überrascht aus.
Er versucht, aufzustehen.
Das schafft er nicht mehr.

Er kriecht noch ein paar Meter auf dem Boden.
Dann bleibt er liegen.
Auch die beiden Soldaten sind tot.
Kolja schnappt die Schachtel mit den Eiern
und eines von den Maschinen-Gewehren.
Vika hat das andere Gewehr an sich genommen.
Ich halte immer noch
das blutige Messer umklammert.

Flucht

Im Haus sind jetzt Stimmen zu hören.
Der Pistolenschuss hat die Soldaten geweckt.
Es wird nicht mehr lange dauern,
bis jemand ins Zimmer kommt.
Kolja reißt das Fenster auf und springt hinaus.
Er landet weich im Schnee.
Ich folge ihm.
Hinter mir springt auch Vika aus dem Fenster.
Wir rennen so schnell wir können in Richtung Wald.
Dort werden uns die Deutschen nicht finden.

Kolja hat die Schachtel mit den Eiern
unter seinen Pullover geschoben.
Bei der Kälte besteht die Gefahr,
dass die Eier einfrieren.
Das würde uns gerade noch fehlen!
Wo wir uns endlich welche erkämpft haben!

Wir laufen durch den Wald und fühlen uns
immer sicherer.
Hinter uns ist nichts mehr zu hören.
Die Soldaten haben wohl die Suche aufgegeben.
Eine Zeit lang laufen wir schweigend
nebeneinander her.
In meinem Kopf ist ein einziger Gedanke:
Ich habe einen Menschen getötet!

Ich habe tatsächlich mit meinen eigenen Händen
einen Menschen getötet!
Jetzt ist dieses deutsche Messer nicht nur
eine interessante Diebes-Beute.
Ich habe es benutzt, um jemanden zu töten.
Und, um meine Freunde zu retten.

Diese Freunde, mit denen ich hier
durch den Wald laufe.
Vika, die vorhin „Danke!" in mein Ohr geflüstert hat.
Und Kolja, dieser verrückte Kerl.
Er hat immer wieder
den Kopf geschüttelt und gesagt:
„Das hätte ich dir nicht zugetraut!"

Ich bin jetzt nicht mehr der kleine Junge
aus der Stadt.
Ich bin jetzt ein Mörder!

Abschied

Kolja und ich können froh sein, dass Vika bei uns ist.
Sie kennt viele Wege hier auf dem Land.
Wir werden uns bestimmt nicht mehr verlaufen.

Ich bin sehr glücklich, dass sie da ist.
Deshalb erzähle ich ihr auch die ganze Geschichte.
Wie Kolja und ich uns kennengelernt haben.
Wie wir den Auftrag bekommen haben.
Was für Abenteuer wir deswegen erlebt haben.
Und warum wir in diesem Haus
bei den Mädchen gelandet sind.

Vika hört sich alles an, ohne ein Wort zu sagen.
Ich werde plötzlich unsicher.
War es vielleicht doch keine gute Idee,
ihr das alles zu erzählen?
Kolja geht ein paar Schritte vor uns
Er hat unsere leise Unterhaltung nicht gehört.
Ich weiß aber, dass er Vika nicht wirklich vertraut.
Er hat sogar zu mir gesagt,
dass sie vom Geheimdienst sein könnte.
So ein Quatsch!

Eine Stunde später stehen wir auf einem Hügel.
Weit vor uns ist ein helles Licht
am Himmel zu sehen.

Das ist einer der Such-Scheinwerfer von Leningrad.
Vika deutet auf das Licht und sagt zu uns:
„Das müsst ihr im Auge behalten.
Dann könnt ihr euch nicht verlaufen.“

„Kommst du nicht mit?“, frage ich sie erstaunt.
„Nein. Ich kenne eine Partisanen-Gruppe
in der Nähe. Ich werde dort hingehen.
Die können mich als Schützin gebrauchen.
In der Stadt kann ich nichts tun.“

Kolja schüttelt ihr die Hand und sagt grinsend:
„Pass auf dich auf und bleib am Leben.
Dieser junge Kerl hier ist in dich verliebt.“

Ich stehe stumm vor ihr.
Ich habe Angst, dass ich sie nie wiedersehen werde.
Vika hebt ihre Hand und berührt kurz
meine Wange.
„Schau nicht so traurig.
Du hast mir heute das Leben gerettet.
Wie heißt du denn mit Nachnamen?
Ich werde dich schon wiederfinden, Ljowa.“

Ljowa – das bedeutet kleiner Lew.
So hat mich mein Vater immer liebevoll genannt.
Ich stehe da und kann kaum meinen Namen sagen.
Ich spüre, wie Tränen in mir aufsteigen.

Aber ich will nicht heulen.
Vika beugt sich plötzlich vor.
Sie gibt mir einen kleinen Kuss auf den Mund.
Ihre Lippen fühlen sich rau und kalt an.
Dann dreht sie sich um und geht weg.

Ich schaue ihr noch eine Weile hinterher.
Bis Kolja mich am Arm packt und wegzieht.
„Los, komm.
Wir müssen diese Eier in die Stadt bringen."

Die Heimkehr

Der Rückweg ist furchtbar.
Ich bin so erschöpft und müde wie noch nie zuvor.
Ich spüre meine Beine nicht mehr.
Ich bewege mich wie ein Roboter.
Kolja dagegen spaziert gut gelaunt
durch die nächtliche Landschaft.
Wie macht er das?
Er hat genauso wenig zu essen gehabt wie ich.
Ich verstehe einfach nicht,
woher er seine Energie nimmt.

Die Stadt kommt immer näher.
Kolja denkt laut über die Hochzeit nach.
„Der Oberst wird sich so über die Eier freuen,
dass er uns zur Hochzeit einlädt.
Das haben wir uns schließlich auch verdient, oder?
Und dann werde ich mit der Braut tanzen.
Vielleicht flirte ich auch ein bisschen mit ihr.
Mal sehen, was sich so ergibt."

„Ich weiß nicht mal, wo ich heute Nacht
schlafen soll", murmele ich leise.
„Na, wir übernachten bei Sonja.
Sie ist meine Freundin und du bist mein Freund.
Das ist doch alles kein Problem."
Für Kolja ist ja nie irgendetwas ein Problem.

Plötzlich knallt es.
Gewehr-Kugeln fliegen uns um die Ohren.
Wir werfen uns in den Schnee.
Kolja hebt vorsichtig seinen Kopf.
„Hej, wir sind Russen! Nicht schießen!“
Vor uns liegt ein russischer Kontroll-Punkt.
Und die denken natürlich, dass wir Feinde sind.
Schließlich hat Kolja ein deutsches Gewehr bei sich.

„Los, steht auf! Die Arme hoch und die Waffe weg!“,
brüllt eine russische Stimme.
„Machen wir! Aber nicht schießen!“, ruft Kolja.
Als er aufstehen will, stolpert er kurz.
Ich halte ihn am Arm fest.
Kolja schiebt seinen Mantel zur Seite
und schaut verwundert seine Hüfte an.
„Das glaube ich jetzt nicht.
Diese Idioten haben mich angeschossen!
Hej, ihr habt mir in den Hintern geschossen!“,
schreit Kolja den Soldaten zu.

Ich helfe ihm, sich in den Schnee zu setzen.
Er verzieht kurz sein Gesicht vor Schmerz.
Auf der anderen Seite höre ich Gemurmel.
„Bleibt, wo ihr seid! Wir kommen zu euch rüber.“

„Sehr witzig. Als ob ich mich bewegen könnte.
Mit einer Kugel im Hintern!“

Kolja holt vorsichtig die Eier
unter seinem Pullover hervor und gibt sie mir.
„Hier, steck sie unter deinen Mantel.
Pass auf, dass sie nicht einfrieren."

Die russischen Soldaten kommen
mit einem schweren Panzer-Wagen angefahren.
Ihr Anführer fängt an, uns Fragen zu stellen.
„Wieso habt ihr ein deutsches Gewehr?
Was macht ihr hier draußen?"
„Bitte, helfen Sie doch erst mal meinem Freund.
Er verblutet sonst", rufe ich laut.

Der Offizier schaut mich wütend an.
„Was willst du, Bürschchen?
Ihr rennt hier mit einem deutschen Gewehr rum.
Was hättet ihr wohl an unserer Stelle getan?
Woher kommt ihr überhaupt?"
Kolja zieht mühsam das Schreiben
von Oberst Gretschko aus seiner Tasche.
„Hier steht alles drin."
Der Offizier liest sich das Papier durch
und brüllt dann plötzlich seine Männer an:
„Los, los, los! Der Kamerad muss ins Krankenhaus,
aber zackig!"

Sie legen Kolja auf den Rücksitz des Wagens.
Ich quetsche mich zwischen die Sitze.

Dann rasen wir los.
Kolja liegt auf dem Bauch und macht Witze.
„Vielen Dank, dass ihr mir nur
in den Hintern geschossen habt.
Und nicht weiter unten und vorne.
Das hätte die Frauen in Leningrad
sehr traurig gemacht."
Ich versuche, die Blutung abzudrücken.
„Tut es sehr weh?", frage ich Kolja.

„Hat dir schon mal jemand in den Hintern
geschossen? Ja, es tut sehr weh!
Aber mach dir keine Sorgen.
Das wird schon wieder."
Ich bin mir da nicht so sicher.
Kolja wird immer blasser.
Er fühlt sich auch ganz kalt an.

Aber da fängt Kolja schon wieder zu reden an.
„Hej, du da vorne. Wenn ihr mich ins Krankenhaus
gebracht habt, müsst ihr meinen Freund hier
zu Oberst Gretschko bringen.
Er hat ein wichtiges Päckchen für ihn, klar?"

Der Offizier am Steuer nickt ärgerlich.
Ihm scheint Kolja auf die Nerven zu gehen.
Immer wieder muss der Fahrer
Hindernissen ausweichen.

Ich sehe, wie Koljas Gesicht immer blasser wird.
Auch seine Stimme wird immer leiser.
„Hör mal auf zu reden. Ruh dich lieber aus“,
sage ich zu ihm.

„Du musst auf die Hochzeit gehen, Lew.
Und dann kommst du zu mir ins Krankenhaus
und erzählst mir alles. Was es zu essen gab.
Und wie die Braut ausgesehen hat.
Versprich mir, dass du hingehst.“

„Ja, ja, mach ich.“
Ich würde jetzt alles versprechen.
Wenn Kolja nur wieder gesund wird.
Aber danach sieht es nicht aus.
Kolja atmet jetzt sehr hastig.
Sein Gesicht ist ganz weiß geworden.
Noch einmal versucht er, einen Witz zu machen.
Er weiß, dass ich furchtbare Angst um ihn habe.
Ich schaue in seine blauen Augen.
Ich würde auch gerne
etwas Witziges oder Kluges sagen.
Mir fällt aber mal wieder nichts ein.

Und dann hat Kolja mich und diese Welt verlassen.

Drei Jahre später

Der schlimme Januar von 1942 ist lange vorbei.
Manchmal denke ich noch an diesen Tag,
an dem mein Freund Kolja verblutet ist.
Ich sehe den Oberst vor mir.
Wie er da steht zwischen vielen Kisten
mit teuren Lebensmitteln.
Wie er mich erkennt und mich nach Kolja fragt.
Wie er zu mir sagt:
„Schade um ihn. Ich habe ihn gemocht."
Wie er mir die Schachtel mit den Eiern
aus der Hand nimmt und sie achtlos zur Seite stellt.
Wie er mir stolz erzählt, dass er jetzt
vier Schachteln mit Eiern hat.
„Daraus können wir ein paar leckere Sachen
für die Hochzeit machen."
Wie er mir zwei Lebensmittel-Karten
mit einem Stempel für besonderen Bedarf gibt.
Damit bekomme ich mehr und bessere
Lebensmittel als mit den normalen Karten.
Wie er mir die Hand auf die Schulter legt
und lächelnd sagt:
„Bursche, halt jetzt lieber deinen Mund.
Das Leben ist eben manchmal schrecklich."

Wenn ich an diesen Augenblick denke,
kann ich meine Tränen kaum zurückhalten.

Wir waren nicht die einzigen,
die der Oberst auf Eier-Suche geschickt hat.
Mein verrückter Freund Kolja
mit den blauen Augen!
Er ist ganz umsonst gestorben.
Er ist nur 20 Jahre alt geworden.

Jetzt, im Sommer 1945,
lebe ich immer noch in Leningrad.
Der Krieg ist vorbei.
Meine Mutter und meine Schwester
sind auch wieder zu Hause.
Ich arbeite jetzt bei einer Zeitung.
Ich wohne mit zwei Kollegen zusammen.

Aber an diesem Abend bin ich
allein zu Hause und lese.
Es klopft an der Tür.
Ich gehe hin, um zu öffnen.
Da steht eine junge Frau mit roten, lockigen Haaren.
Es ist Vika. Sie steht da und grinst.
Sie hält mir eine Schachtel mit Eiern hin.
„Schau mal, was ich dir mitgebracht habe.
Und falls du jetzt ein Omelett willst,
sage ich dir gleich mal eines:
Ich werde ganz bestimmt nicht kochen."

Dann lächelt sie mich mit ihren blauen Augen an.

Seite 20: Fritz
Der Name „Fritz“ wurde im Zweiten Weltkrieg wie ein Schimpfwort für alle Deutschen verwendet, besonders von den Russen und den Engländern.

Seite 22: Kognak
ein starkes alkoholisches Getränk

Seite 23: Panik
Sehr starke Angst. Man denkt nicht mehr nach, was man tun soll. Man handelt oft unüberlegt.

Seite 24: Oberst
Das ist ein hoher Dienst-Grad beim Militär.

Seite 27: Deserteur
So wird ein Soldat genannt, der heimlich von der Armee wegläuft.

Seite 29: Omelett
ein anderes Wort für Eier-Pfannkuchen

Seite 31: Villa
ein sehr großes und vornehmes Haus

Seite 31: Maschinen-Pistole
eine große Schuss-Waffe, die schnell hintereinander viele Schüsse abfeuern kann

Seite 32: Truppe
eine Gruppe von Soldaten, eine Einheit

Seite 35: Rubel
Name vom Geld in Russland

Seite 35: Schmalz
Ein Brot-Aufstrich aus Tierfett. Es kann auch zum Braten benutzt werden.

Seite 39: Partie
hier: eine Spielrunde beim Schach

Seite 40: Kriegs-Waise
ein Kind, das seine Eltern durch Kämpfe oder Bomben im Krieg verloren hat

Seite 50: Bauch-Gefühl
Wenn man eine Entscheidung trifft, ohne nachzudenken. Manchmal sagt das Bauch-Gefühl einem, dass man etwas lieber nicht tun sollte. Aber man weiß nicht, woher das kommt.

Seite 52: Samowar
ein spezielles Gerät, um Tee zu kochen

Seite 58: Vormarsch
So nennt man das Vorankommen einer Armee.

Seite 58: Moskau
die Hauptstadt von Russland

Seite 69: Wladimir Majakowski
ein berühmter russischer Dichter

Seite 72: Mga
ein kleiner Ort in der Nähe von Leningrad

Seite 74: Galina Ulanowa
eine berühmte russische Ballett-Tänzerin

Seite 75: Kontroll-Punkt
Ein Wachposten, bei dem alle Menschen,
die vorbeikommen, kontrolliert werden.
Es wird überprüft, wo sie hinwollen und ob sie
überhaupt die Erlaubnis haben, draußen
unterwegs zu sein.

Seite 77: Mine
Ein Sprengkörper. Ein Behälter voller Sprengstoff,
der explodiert, wenn er gezündet wird. Man kann
eine Mine aus der Ferne zünden oder zu einer
bestimmten Zeit.

Seite 79: Genosse
So redeten sich die Soldaten von der Roten Armee
untereinander an.

Seite 80: Munition
Patronen für eine Schuss-Waffe

Seite 88: Wehrmacht
Name der deutschen Armee im Zweiten Weltkrieg

Seite 88: Einsatz-Gruppe
Das waren kleine Gruppen von Soldaten und anderen für das Kämpfen ausgebildeten Männern. Sie zogen nach den Soldaten durch das eroberte Gebiet. Sie begingen viele grausame Taten an der Bevölkerung. Sie töteten viele Menschen. Das geschah als Strafe für irgendetwas oder zur Abschreckung.

Seite 93: Partisanen
So nennt man Männer und Frauen, die versteckt gegen eine feindliche Armee kämpfen. Sie sind keine Soldaten, sondern machen meistens Überraschungs-Angriffe. Sie verstecken sich oft in den Wäldern oder Bergen.

Seite 94: Schütze, Schützin
jemand, der gut mit einem Gewehr oder einer Pistole schießen kann

Seite 105: Kompanie
Das ist ein militärischer Ausdruck für eine größere

Gruppe von Soldaten. Zu einer Kompanie können 250 Männer gehören.

Seite 106: Hand-Granate
Eine Hand-Granate ist ein kleiner Sprengkörper.
Sie wird gezündet und dann geworfen.
Sie explodiert nach einigen Sekunden.

Seite 109: Kommando-Zentrale
Ein Stützpunkt, wo die wichtigen Befehlshaber vom Militär untergebracht waren oder regelmäßig zusammenkamen. Dort berieten sie sich über ihre weiteren Pläne im Krieg.

Seite 111: Kolonne
hier: eine große Anzahl von Militär-Fahrzeugen, die hintereinander fahren